VRAC
MODE D'EMPLOI

LA CHARTE DE L'ÉDITEUR

Pour l'éditeur, le principe est d'utiliser des papiers composés de fibres naturelles, renouvelables, recyclables et fabriqués à partir de bois issus de forêts qui adoptent un système d'aménagement durable. En outre, l'éditeur attend de ses fournisseurs de papier qu'ils s'inscrivent dans une démarche de certification environnementale reconnue.

Retrouvez toutes nos nouveautés et actualités sur www.laplage.fr
Écrivez-nous :

- Pour toute demande ou réclamation : info@laplage.fr

- Pour envoyer vos manuscrits : edition@laplage.fr

58, rue Jean Bleuzen – 92178 Vanves cedex
Dépôt légal : septembre 2020
NUART : 6221876
ISBN : 9782842218225
Conception graphique / Illustration : Hoobooh - Instagram : m.hoobooh

Photos : p.12 : © Ô Bocal ; p.22 : © Caroline Darche, © Célia Rennesson ; p.30 : © Alex Orjecovschi ; p.32 : © Masayo, ©Stéphane Tillier ; p. 33 : © Stéphanie Lapierre ; p. 34 : © Alexandra Muller ; p.40 : @ Shutterstock/id-art ; p.44 : © Alina Boiça ; p.48 : © Ô Bocal ; p. 54 : @Shutterstock/maramorosz ; p.64 : ©day by day ; p.65 : @Shutterstock/Natalia Klenova ; pages 70 et 77 : © Mamie Mesure ; p.75: © La Pesée ; p. 78 : © Ô Bocal

Imprimé en Espagne sur du papier sans chlore issu de forêts gérées durablement, avec des encres végétales sur les presses de Gráficas Estella, un imprimeur reconnu pour ses pratiques respectueuses de l'environnement.

PAPIER À BASE DE FIBRES CERTIFIÉES

la plage s'engage pour l'environnement en réduisant l'empreinte carbone de ses livres. Celle de cet exemplaire est de : **850** g éq. CO_2

Réseau Vrac

VRAC MODE D'EMPLOI

Chloé Liard et Célia Rennesson

éditions la plage

AVANT-PROPOS

Ce guide a été créé dans le but de faire découvrir l'achat en vrac et de donner des conseils à chaque personne désireuse de passer à ce mode de consommation.

Que vous soyez néophyte avec l'envie de découvrir le vrac, ou déjà engagé dans une transition de consommation avec le désir d'en savoir plus sur la conservation des produits vrac ou le nettoyage des contenants par exemple, ce guide est fait pour vous.

Vous serez accompagné pas à pas de la découverte des produits vrac, en passant par l'acte d'achat en magasin, le moyen de retracer l'origine des produits jusqu'à la bonne conservation des produits chez vous.

Sentez-vous libre de consulter et de reconsulter ce guide à tout moment, au gré de vos besoins. Après tout, c'est cela la philosophie du vrac : être libre dans ses choix d'achat pour s'en tenir à ses besoins.

Attention, les grands principes du vrac peuvent être applicables dans le monde entier mais le présent ouvrage traite spécifiquement de la législation française uniquement. Des différences peuvent exister, même au sein de l'Union Européenne, par exemple certains produits comme la farine ne peuvent pas être vendus en vrac en Belgique alors qu'ils le sont en France, et inversement.

QU'EST-CE QUE RÉSEAU VRAC ?

Réseau Vrac est l'unique organisation professionnelle dédiée à la promotion de la vente en vrac en France et dans le monde. Depuis bientôt 4 ans, l'association fédère et représente les professionnels de la filière vrac : commerçants et fournisseurs de produits, services et équipements. Réseau Vrac structure et développe ce nouveau marché pour donner accès à une consommation durable et responsable au plus grand nombre.

L'association forme les professionnels aux bonnes pratiques d'hygiène et à la réglementation de la vente en vrac, met en relation les professionnels entre eux à travers un espace numérique et des événements comme le Salon du Vrac, et travaille à faire évoluer la législation pour favoriser le développement du vrac. Avec ce guide, elle s'adresse pour la première fois au consommateur pour partager ses connaissances et son expertise, afin que le vrac soit compris et connu de tous !

QUIZ LE VRAC, J'EN SUIS-OÙ ?

Vous êtes un novice du vrac, ou au contraire vous êtes maintenant habitué à acheter en vrac ? Évaluez-vous pour déterminer ce qui vous reste à apprendre sur cette pratique, et vous repérer dans cet ouvrage. À la fin de ce quiz, identifiez la lettre que vous avez obtenue en majorité et rendez-vous directement à la partie qui répondra le mieux à vos interrogations.

C'est parti ! Pour chaque déclaration, entourez la phrase qui correspond le mieux à votre positionnement ou la réponse qui vous semble la plus correcte.

1. JE POURRAIS RÉSUMER MA CONSOMMATION VRAC AINSI :

A) Je n'ai jamais rien acheté en vrac à ma connaissance.

B) Il m'est arrivé d'acheter des amandes et/ou des bonbons, et/ou du muesli, et/ou un autre produit, mais j'achète presque tout en préemballé.

C) J'essaye de tester ou j'achète déjà plein de produits différents en vrac : pâtes, riz, biscuits mais aussi lessive et/ou shampoing.

2. SI JE VEUX ACHETER EN VRAC, OÙ PUIS-JE ME RENDRE ?

A) Honnêtement, je n'en ai aucune idée, je ne sais même pas vraiment à quoi ressemble le vrac.

B) Dans un magasin bio.

C) Tout dépend des produits que je veux acheter : je peux aller dans une épicerie vrac, un magasin bio ou au supermarché.

3. PARMI LES PRODUITS SUIVANTS, LEQUEL NE PEUT PAS ÊTRE VENDU EN VRAC EN LIBRE-SERVICE ?

A) Le gel douche.

B) Le vinaigre de Modène.

C) L'huile d'olive.

4. QUAND JE VAIS FAIRE MES COURSES EN VRAC :

A) Je prends mon sac de course habituel.

B) Je réutilise d'anciens sachets en papier ou bien j'en prends de nouveaux sur place.

C) Je m'équipe de bocaux et de petits sacs en tissu.

5. POUR NETTOYER MES CONTENANTS, J'APPLIQUE LE PROTOCOLE SUIVANT :

A) Je n'ai jamais entendu parler de protocole de nettoyage pour du vrac.

B) Je rince mes bocaux de temps en temps.

C) Je lave mes bocaux au lave-vaisselle et mes petits sacs en tissu au lave-linge après chaque utilisation.

6. QUAND LA DDM (DATE DE DURABILITÉ MINIMALE) D'UN PRODUIT EST DÉPASSÉE :

A) Je jette directement : autant ne pas risquer une intoxication alimentaire.

B) J'attends quelques jours avant de le jeter pour ne pas gaspiller car je sais que ces dates sont indicatives, mais je finis par mettre à la poubelle si je ne termine pas rapidement.

C) Je peux encore le consommer sans danger même des mois après.

7. J'AI UN CONTENANT AVEC UN FOND DE PRODUIT MÉNAGER QUE JE VEUX RÉUTILISER POUR ACHETER DE LA LESSIVE EN VRAC :

A) Je laisse ainsi et vais remplir mon contenant car après tout, c'est juste un fond, autant ne pas gaspiller le produit restant.

B) Je le rince au préalable en secouant énergiquement pour bien enlever le produit.

C) Je ne prends pas de risque et utilise un autre contenant vide.

Si vous avez une majorité de A : Le vrac et vous, ça ne fait pas bon ménage pour l'instant. Ce n'est pas grave, vous êtes au bon endroit ! Ce livre va vous expliquer pas à pas pourquoi et comment passer à ce mode de consommation. Rendez-vous à l'Étape 1 (page 10) !

Si vous avez une majorité de B : Vous avez à cœur de consommer vrac et de bien faire mais vous avez encore besoin d'astuces et de conseils pour vous perfectionner. Après la lecture de ce livre, vous serez un vrai expert : Rendez-vous à l'Étape 2 (page 28) !

Si vous avez une majorité de C : La consommation vrac, vous maîtrisez déjà pas mal, mais on parie que vous avez encore des choses à apprendre. Que ce soit sur les règles à respecter, les contenants à utiliser et les meilleures manières de conserver vos produits, ce guide va vous surprendre ! Rendez-vous à l'Étape 3 (page 42) !

SOMMAIRE

ÉTAPE 1
JE DÉCOUVRE LE VRAC

Pas de panique, la vente en vrac a l'avantage de ne pas être un mode de vie radical. C'est un mode de consommation, certes différent du préemballé, mais qui au fond permet d'acheter les mêmes produits et n'implique pas de tout changer. La différence : une présentation à la vente sans emballage et avec le choix de la quantité.

Ô BOCAL

NANTES

LE VRAC

QU'EST-CE QUE LA VENTE EN VRAC ?

« La vente en vrac se définit comme la vente au consommateur de produits présentés sans emballage, en quantité choisie par le consommateur, dans des contenants réemployables ou réutilisables. La vente en vrac est proposée en libre-service ou en service assisté dans les points de vente ambulants[1] ».

Jusqu'à la fin du XIXe siècle, la vente en vrac en service assisté était le mode de distribution le plus courant en France. Le commerçant servait lui-même le client en quantité désirée derrière son comptoir. Ce modèle a progressivement disparu au profit du préemballé en libre-service avant de renaître ces dernières années.

Le mode de distribution préemballé fait son arrivée dès la 2ème moitié du XIXe siècle. C'est à ce moment-là que les produits alimentaires transformés commencent à s'industrialiser. Les volumes produits sont de plus en plus importants et les artisans veulent pouvoir les vendre sur des territoires plus grands. C'est donc pour exporter et développer les ventes que les industriels se lancent dans l'emballage de leurs produits. La biscuiterie LU est un exemple emblématique de cette période. De petite société familiale fondée en 1846, l'entreprise ne cessa de s'agrandir et décida, pour faciliter la distribution dans toute la France, de conditionner ses biscuits dans des boites en fer à l'effigie de la marque[2].

À partir de la fin du XIXe siècle, les modes de vente se massifient avec le développement des grands magasins comme le Bon Marché à Paris. Ce phénomène touche également les grands magasins alimentaires de la distribution : le préemballé se développe pour faire gagner du temps aux consommateurs et aux vendeurs, mais reste limité à une population bourgeoise vivant dans des grandes villes[3].

1 Article L.120-1 LOI n°2020-105 du 10 février 2020 - art. 41.

2 L'histoire de LU, https://www.lu.fr/lu/detente/toute-l-histoire-de-lu.

3 Renée Grimaud, *La fabuleuse Histoire des Grands Magasins*, Éditions Prisma, 2016.

C'est à partir de la 2ème moitié du XXe siècle que le préemballé en libre-service se démocratise. L'essor des supermarchés en libre-service rassemblant sous un même toit tous les produits de première nécessité, combiné au développement de la voiture dans les foyers, va généraliser ce mode de vente jusqu'à faire disparaître peu à peu le vrac.

Mais depuis plusieurs années, les prises de conscience écologiques, plus précisément concernant le gaspillage alimentaire et les déchets d'emballages à usage unique, se sont multipliées et ont permis de remettre sur le devant de la scène la vente en vrac. Face au gaspillage des ressources, cette méthode s'impose comme une alternative intéressante. En effet, elle permet, par le choix de la quantité désirée d'un produit dans un contenant réutilisable, d'éviter à la fois le gaspillage alimentaire et la prolifération des déchets d'emballages. En France, des rayons vrac en libre-service dédiés aux produits d'épicerie sèche apparaissent – sous la forme qu'on leur connaît aujourd'hui – dans les magasins bio dès les années 1980. À partir de 2012, des magasins spécialisés vrac se créent sous la forme d'épiceries fixes ou itinérantes. Plus récemment, les enseignes de la grande distribution et les Enseignes à Dominante Marques Propres (anciennement appelées Hard-Discount) équipent leurs magasins (proximité, supermarchés et hypermarchés) de rayons vrac.

DURÉE DE DÉCOMPOSITION DE DIFFÉRENTS MATÉRIAUX DANS LA NATURE :

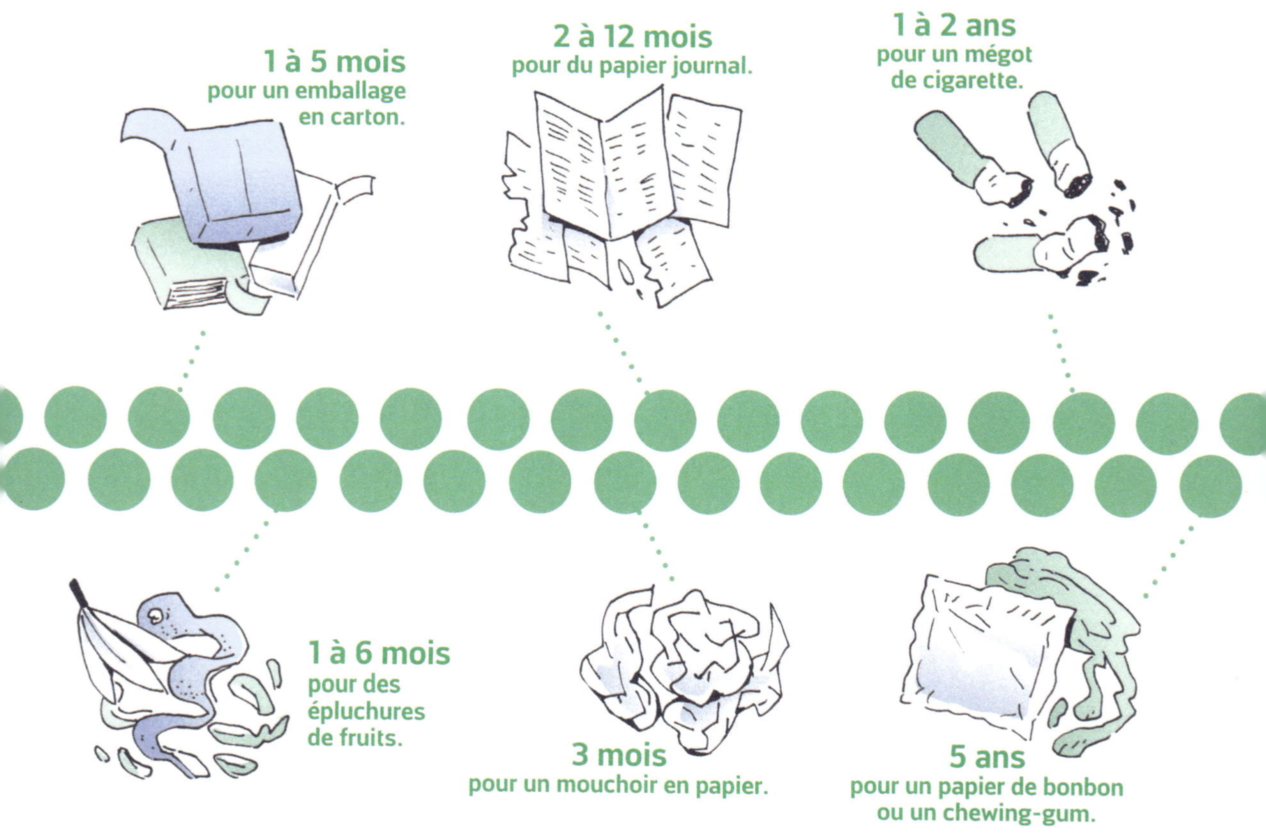

QUEL EST L'IMPACT DU PRÉEMBALLÉ ?

De quoi parle-t-on quand on évoque des produits « préemballés » ? Selon le Code de la consommation relative à l'étiquetage des denrées alimentaires préemballées, une denrée alimentaire préemballée est « un produit constitué par une denrée alimentaire, et de l'emballage dans laquelle elle a été conditionnée avant sa présentation à la vente ». Cet emballage recouvre la denrée de telle façon qu'il est impossible de modifier le contenu du produit sans l'ouvrir. On comprend donc que le préemballé ne donne pas d'autre choix que de prendre exactement la quantité qui est proposée.

Le préemballé a donc un impact sur le gaspillage alimentaire. En effet, en imposant des doses prédéfinies, le consommateur va parfois devoir acheter plus que nécessaire et finir par jeter tout ou partie de la denrée, faute de la consommer. Dans les ordures ménagères des Français, on trouve l'équivalent de 29 kg par an et par personne de déchets alimentaires, dont 7 kg encore emballés[1]. Le gaspillage alimentaire représente près de 10 % des émissions mondiales totales de gaz à effet de serre (GES), ce qui correspond à 3,3 gigatonnes en équivalent CO_2[2]. Concrètement, si le gaspillage alimentaire était un pays, ce serait le 3e pays le plus émetteur de GES dans le monde[3] ! Puisque le préemballé fait partie des facteurs aggravant le gaspillage alimentaire à domicile, passer au vrac est une des solutions pour le réduire en achetant la dose que l'on est sûr de pouvoir consommer.

1 https://www.ademe.fr/particuliers-eco-citoyens/alimentation/eviter-gaspillage-alimentaire.
2 FAO, 2013.
3 FAO, 2015.

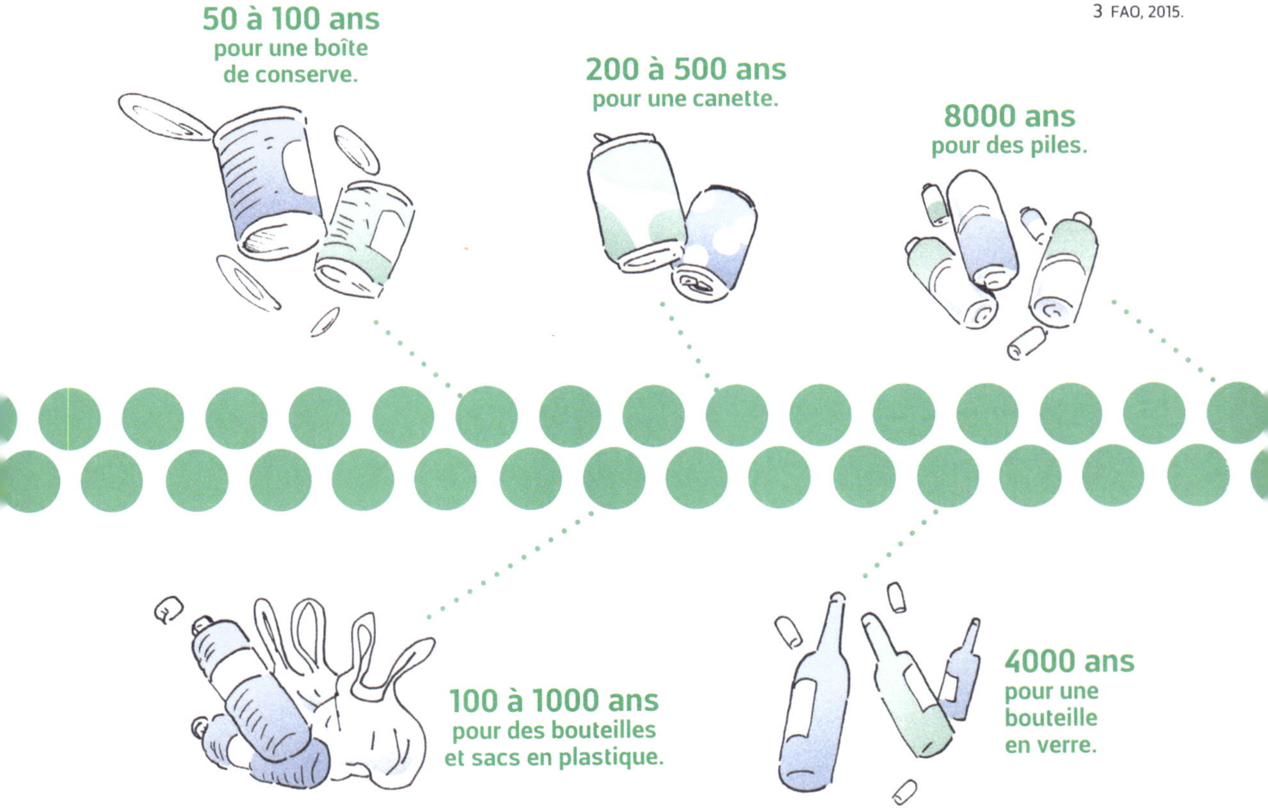

Dans les produits présentés à la vente préemballés, l'emballage a pour fonction de protéger le produit des contraintes extérieures mais aussi l'environnement du produit contenu. L'emballage doit prémunir du vol, des dégradations, et garantir les qualités organoleptiques du produit. Si l'emballage renseigne également le consommateur sur les informations nécessaires (prix, composition, DLUO, ...)[1] il est devenu avec le temps un véritable outil de promotion pour les marques avec un objectif : pousser le consommateur à l'achat grâce à un design attrayant. Cet outil marketing fait parfois oublier la fonction première de l'emballage et créé des absurdités : des fruits et légumes emballés à l'unité, des éponges emballées dans du plastique ou encore des biscuits suremballés dans de petits sachets plastique à l'intérieur d'un paquet déjà hermétique...

Le problème, c'est que derrière ses fonctions indéniablement utiles, l'emballage jetable constitue une vraie catastrophe écologique puisque qu'il n'est pas toujours recyclable – ou recyclé – et se retrouve très majoritairement incinéré, enfoui ou bien jeté dans la nature et les océans.

L'emballage le plus utilisé dans le secteur agroalimentaire est le plastique, qui possède des avantages en termes de légèreté et de facilité de transport par rapport à d'autres matériaux (verre, inox, etc.). Cependant, les conséquences écologiques sont irréversibles. Selon WWF, seuls 22 % des déchets plastiques sont recyclés en France. De manière générale, en englobant tous les emballages ménagers existants (carton, aluminium, verre et plastique), ce sont 50 kg d'emballages qui sont jetés par an et par Français[2].

1 Conseil national de l'emballage : produits en vrac et produits préemballés.

2 « Emballages Ménagers », les chiffres-clés, 2018, ADEME.

La gestion de ces déchets d'emballages représente dès lors un problème majeur :

- Ils constituent un coût non négligeable pour les collectivités : 117 euros HT par habitant[1],

- Ils ne peuvent pas tous être recyclés ou traités correctement, et beaucoup sont envoyés dans d'autres pays, souvent des pays émergents où les infrastructures ne permettent pas de gérer correctement leur traitement. Ils finissent donc par être brûlés ou simplement stockés dans de vastes décharges. Dans ces pays, les conséquences de cette exportation de déchets sont dramatiques : contamination des réserves d'eau, maladies respiratoires, récoltes perdues[2]... Les impacts pour les populations et les économies locales sont désolants et à cela s'ajoute la menace pour l'écosystème. Bien trop souvent, les déchets finissent par s'échouer dans la nature et dans les océans.

À l'heure actuelle, 1,6 million de km^2 dans l'Océan Pacifique sont recouverts de plastique et forment ce que l'on a appelé le 7ème continent. Il est estimé que cet immense amas de déchets, composé à 90 % de plastique, pèse près de 80 000 tonnes[3]. Ce continent s'est formé au fur et à mesure des années, alimenté par les fleuves déversant les déchets provenant de la terre ferme. En se dégradant dans l'océan, ces produits en plastique mettent en péril la biodiversité.

Le 18 mars 2019, une baleine est retrouvée morte aux Philippines, avec pas moins de 40 kg de plastique découverts dans son estomac, dont des emballages de riz et des sacs en plastique. Il ne s'agit pas d'un cas isolé : tous les ans des milliers de tortues, oiseaux, cachalots, baleines et autres cétacés meurent à cause des micro-plastiques ingérés.

1 « Déchets », les chiffres-clés 2019, ADEME.
2 Global Alliance for Incinerator Alternatives – Avril 2019.
3 Ocean CleanUp – mars 2018.

POURQUOI CONSOMMER EN VRAC ?

Acheter en vrac, c'est re-prendre la main sur sa consommation en étant maître de ses choix, tant sur la quantité de produits souhaitée, que sur l'emballage utilisé, ce qui n'est pas possible avec le préemballé. En maîtrisant ainsi les quantités achetées, le vrac permet aussi de contrôler son budget et donc de réaliser des économies puisque les quantités achetées sont les quantités désirées.

Le vrac c'est aussi un moyen de répondre à des enjeux environnementaux comme le gaspillage des ressources. Chaque année les Français jettent dans leur poubelle grise 254 kg d'ordures ménagères, dont 1/3 de déchets putrescibles (principalement alimentaires) et 1/3 d'emballages[1]. Le vrac permet de réduire ces déchets en amont de l'acte d'achat, à deux niveaux :

- En offrant le choix des quantités, le vrac permet de réduire le gaspillage alimentaire puisqu'on s'en tient ni plus ni moins qu'à ses besoins. Chaque Français jette 29 kg de nourriture par an dont 7 kg de nourriture encore emballée[2].

- En permettant aux consommateurs de faire ses courses avec des contenants réutilisables (comme des petits sacs à vrac en tissu ou des bocaux), le vrac permet de réduire les déchets d'emballages à usage unique. Selon l'ADEME, chaque Français jette 50 kg d'emballages ménagers par an[3].

En réduisant le gaspillage alimentaire et les déchets d'emballages, la taille des poubelles s'en trouve diminuée. On se débarrasse ainsi d'une pénible corvée ménagère !

1 « Déchets », les chiffres-clés 2019, ADEME et « Emballages Ménagers », les chiffres-clés 2018, ADEME.
2 https://www.ademe.fr/particuliers-eco-citoyens/alimentation/eviter-gaspillage-alimentaire.
3 « Emballages Ménagers », les chiffres-clés 2018, ADEME.

Le vrac c'est aussi un gain de temps en magasin. Lorsqu'on veut acheter un produit, des « spaghetti » par exemple, le choix se fait plus rapidement car le nombre de références proposées pour un même produit est réduit à l'essentiel. On passe ainsi moins de temps à hésiter car un magasin vrac proposera 1 voire 2 références de spaghetti contre 10 en moyenne en préemballé.

Le vrac est en quelque sorte un acte de consommation libérateur : on s'affranchit des contraintes imposées par le préemballé au niveau des quantités, mais on est aussi débarrassé des injonctions à consommer des produits dont on n'a pas besoin. Le vrac libère de l'influence des messages marketing puisque les produits sont présentés « nus ». On est libre de consommer le produit pour ce qu'il est et non pour ce qu'un emballage (masquant bien souvent le produit) veut nous faire acheter.

Un autre avantage du vrac par rapport au préemballé, c'est la possibilité de découvrir et de tester de nouveaux produits sans avoir peur de se tromper. On peut ainsi acheter juste quelques grammes d'épices pour tester une nouvelle recette par exemple.

La plupart du temps, les produits proposés en vrac sont des produits bruts, peu transformés, avec des profils nutritionnels intéressants. Moins industrialisés, ils sont également meilleurs pour la santé. Aujourd'hui, les commerces spécialisés vrac ont à cœur de travailler avec des producteurs locaux ou à minima français : c'est le cas par exemple du quinoa, un produit originaire d'Amérique Latine, beaucoup vendu en vrac dont la culture a fait son apparition dans le Centre-Ouest du pays, portée par des fournisseurs vrac. Les magasins essayent par ailleurs de proposer un maximum de produits nationaux labellisés bio, quand l'offre est disponible. Il y a toute une éthique derrière cette volonté qui va bien au-delà de la réduction des déchets !

Ces néo-commerçants sont désireux de faire évoluer les modes de consommation vers plus de durabilité et de responsabilité. Vous pourrez ainsi non seulement diminuer vos quantités de déchets mais aussi agir pour une économie locale et une agriculture plus vertueuse si vous le souhaitez. Si vous êtes amateur de mangues séchées ou de café, pas de panique, vous trouverez ces produits dans la plupart des magasins spécialisés vrac, principalement issus du commerce équitable.

Au-delà de l'aspect alimentaire, l'intérêt de consommer en vrac se retrouve aussi sur les produits ménagers et cosmétiques. Là encore, on limite les déchets et le gaspillage de produits, mais on peut aussi acheter des produits bruts pour faire soit même sa lessive, son produit vaisselle ou encore son dentifrice. L'avantage ? On contrôle et on choisit tous les produits qui sont à l'intérieur, et on est ainsi sûr de ne pas avoir d'ingrédients nocifs et d'agents perturbateurs présents dans la composition.

L'achat en vrac n'est pas du tout synonyme de privation ou de contrainte : on peut acheter les produits qui nous font plaisir avec en plus un aspect ludique et esthétique : voir de beaux produits dans les silos, se servir soi-même la quantité désirée, tester de nouveaux aliments sans avoir peur de se tromper pour découvrir de nouvelles recettes, remplir ses bocaux à la maison, et pourquoi pas les utiliser en décoration pour sa cuisine (c'est plus joli qu'un paquet de riz entamé !).

Finalement, si on réfléchit bien, les pratiques d'achat en vrac se retrouvent au quotidien : que ce soit pour les fruits et légumes au marché, auprès des commerçants de bouche ou au stand de bonbons dans les fêtes foraines, il n'est pas rare de consommer vrac : on ne s'en rend même plus compte car c'est une pratique naturelle. Il est donc temps de lui redonner toute sa place, en faisant du vrac la norme pour consommer plutôt que l'exception !

LA TERRE NATIVE

HENNEBONT

KILOGRAMME

PARIS

LES PRODUITS VRAC

QUELS SONT LES PRODUITS QUE JE PEUX TROUVER EN VRAC ?

Saviez-vous que l'on peut trouver du vinaigre, de la lessive et même des croquettes pour animaux en vrac ? L'offre de vrac en libre-service est large, et permet presque de faire l'intégralité de ses courses :

Les produits alimentaires disponibles en vrac :

Aides culinaires : poudre à lever, agar-agar...

Apéritifs : mélanges salés, gâteaux apéritifs...

Assaisonnements : sucre, sel, poivre, épices...

Condiments : olives, moutarde, cornichons...

Confiseries : biscuits, chocolat, bonbons, caramels...

Épicerie fraîche : crème fraîche, yaourt, beurre, fromage, fruits et légumes...

Épicerie sèche : pâtes, riz, légumes secs, farines, graines, céréales, fruits secs...

Liquides : huiles, vinaigres, sirops, jus, boissons avec alcool...

Croquettes pour animaux

Petit déjeuner : miels, pâtes à tartiner, purées d'oléagineux, café, thés, tisanes...

Les produits non-alimentaires disponibles en vrac :

Accessoires : brosses à dents, cure-oreilles/oriculis, carrés démaquillants lavables, gourdes...

Contenants : sacs à vrac, bocaux en verre, boîtes en métal...

Produits d'hygiène-beauté : savons, shampoings, dentifrice, crèmes corporelles, démaquillants, gommages....

Produits d'entretien : produits vaisselle, vinaigre blanc, lessives, savon noir...

À l'heure actuelle, la vente en vrac en libre-service est restreinte par la règlementation, ou non recommandée pour des raisons techniques ou de santé publique pour les produits suivants[1] :

- Produits sous signe de qualité (AOP, IGP)
(voir article L. 642-4-1 du code rural),

- Lait cru et lait pasteurisé (contraintes technique et règlementaire),

- Compléments alimentaires (contrainte règlementaire),

- Acide citrique, percarbonate et cristaux de soude
(contrainte technique),

- Huiles essentielles non-alimentaires (santé publique),

- Huile d'olive (uniquement en service assisté).

Aujourd'hui, les produits vrac vendus en France sont majoritairement des produits biologiques, ou à minima des produits bruts contenant peu d'additifs ou de perturbateurs endocriniens. Ce constat est valable pour tous types d'enseignes, que ce soit dans les grandes surfaces, les magasins bio ou spécialisés vrac.

Attention cependant à ne pas faire d'amalgame, car le vrac est avant tout une façon de consommer, une philosophie de vie, et qui n'implique pas forcément que le produit soit bon, bio ou meilleur pour la santé – bien que ce soit majoritairement le cas actuellement.

1 Réseau Vrac travaille pour faire évoluer la réglementation afin de permettre à l'ensemble des produits de pouvoir être vendus en vrac, sauf pour des motifs de santé publique. Un décret est en cours de préparation en application de l'article L. 120-1 du code de la consommation pour fixer la liste des restrictions à la vente en vrac justifiées par des motifs de santé publique.

Zoom sur

LES SIQO

Les « Signes d'Identification de la Qualité et de l'Origine » (SIQO) comme les produits labélisés « Appellation d'Origine Protégée » (AOP), « Appellation d'Origine Contrôlée » (AOC) et « Indication Géographique Protégée » (IGP) ne pouvaient pas être vendus en vrac jusqu'à aujourd'hui, avec la mention de l'AOP/AOC ou de l'IGP.

Ce sont par exemple les noix de Grenoble, le riz de Camargue, le sel de Guérande, le vinaigre de Modène, la noix du Périgord, les lentilles vertes du Puy... Les cahiers des charges de ces produits imposent la mise sous emballage dans un lieu précis et/ou juste après la récolte.

Cependant, grâce à l'action de Réseau Vrac dans le cadre de la loi économie circulaire du 10 février 2020, il sera bientôt possible pour les commerces de vrac d'afficher les labels de ces dénominations protégées. Les Organismes de Gestion et de Défense (ODG) des signes de qualité ont jusqu'au 30 janvier 2030 pour intégrer les conditions de la vente en vrac dans leur cahier des charges[1].

1 Réseau Vrac travaille avec les ODG et le Ministère de l'Agriculture (INAO) pour accélérer l'adaptation des cahiers des charges.

OÙ PUIS-JE ACHETER DES PRODUITS EN VRAC ?

On retrouve des produits en vrac dans les magasins spécialisés vrac et dans les magasins bio équipés d'un rayon vrac comme les magasins bio (88 % des magasins sont équipés d'un rayon vrac[1]) et les hyper et supermarchés (70 % d'entre eux comptent un rayon vrac[2]).

Dans ces deux derniers, on peut trouver jusqu'à 396 références de produits vrac, majoritairement alimentaires. Dans les magasins spécialisés vrac, l'offre de produits vrac est plus grande – on trouve jusqu'à 1 000 références de produits – ce qui permet de réaliser quasiment l'intégralité de ses courses en vrac : du biscuit apéritif au liquide vaisselle, en passant par la poudre à lever par exemple.

Vous ne savez pas bien où se trouvent les commerces vrac proches de chez vous ? Nous avons une solution : Réseau Vrac référence tous ses adhérents commerçants sous la forme d'une carte interactive régulièrement mise à jour sur son site. Rendez-vous sur **reseauvrac.org** pour les découvrir !

1 Biolinéaires, 2019.
2 Olivier Dauvers, 2019.

BILAN DE L'ÉTAPE

Vous savez désormais ce qu'est la vente en vrac. La prochaine fois que vous verrez un rayon vrac dans un magasin, vous y prêterez peut-être plus d'attention qu'à l'ordinaire, et qui sait, peut-être vous laisserez-vous tenter par l'achat ! On se retrouve à la prochaine section du guide ?

LES PROCHAINES ÉTAPES POUR DÉCOUVRIR LE VRAC :

Cochez toutes les actions que vous menez déjà et mettez-vous au défi de réaliser celles qui vous manquent dans les prochains jours :

- ☐ Je me renseigne auprès de mes proches pour savoir s'ils achètent en vrac et leurs raisons pour privilégier ce type de consommation.
- ☐ Je repère les magasins qui proposent du vrac autour de chez moi ou de mon lieu de travail.
- ☐ Je me rends dans un magasin spécialisé vrac ou un magasin avec un rayon vrac pour observer l'organisation et les produits disponibles.
- ☐ Je n'hésite pas à poser des questions aux commerçants.
- ☐ Je teste mon premier produit vrac.

ÉTAPE 2

JE M'Y METS !

L'achat en vrac est certes un peu différent de celui des produits préemballés, mais avec quelques règles de base, ce n'est pas si difficile que ça en a l'air, surtout pour des produits secs. Petit à petit, cette manière d'acheter se transformera en habitude, et très vite il vous sera difficile de retourner au préemballé tant il est agréable de se servir soi-même la quantité désirée.

THE NAKED SHOP
PARIS

SE SERVIR EN VRAC

La règle d'or dans l'achat en vrac : ne pas hésiter à demander de l'aide au commerçant. Il est là pour conseiller, expliquer et répondre à tous types de questions concernant les produits et leurs préparations, les quantités recommandées, le service, les règles d'étiquetage...

LES TROIS GESTES INCONTOURNABLES DANS L'ACHAT EN VRAC :

1. Je fais peser / je pèse mon contenant à vide afin de déduire son poids de l'achat total (attention tous les contenants doivent être pesés, même les petits sacs en tissu !).
2. Je me sers la quantité dont j'ai besoin (ou je me fais servir par le commerçant) de manière raisonnable, en évitant de faire des réserves excessives. Cela prendra moins de place dans mes placards et je suis sûr de moins gâcher.
3. Je paye en caisse le poids exact de mes produits.

COMMENT ME SERVIR ?

Pour l'achat en vrac, plusieurs dispositifs existent en magasin en fonction des différents types de produits. Pour un premier achat en vrac, vous pouvez utiliser comme contenant un sachet en papier proposé en magasin, un petit sac à vrac en tissu réutilisable (et propre) ou venir avec un bocal vide (et propre) de chez vous. Si c'est votre premier achat, ce qui vous paraît le plus simple et adapté sera le mieux pour commencer (vous pouvez retrouver tous les contenants vrac et leur utilisation pp. 49-51).

Comment utiliser un bac à pelle ?

Les principaux produits présents dans les bacs à pelle sont des biscuits, fruits secs, bonbons... Ces équipements de vente sont souvent placés sous les silos, qui eux sont en hauteur.

Pour me servir dans un bac à pelle : je prends la pelle qui est rangée dans son compartiment > j'ouvre le bac > je me sers > je range la pelle dans son compartiment > je referme le bac. Je ne laisse pas la pelle dans le bac car celle-ci empêche la fermeture complète du bac.

Comment utiliser un silo ?

Les silos sont les principaux équipements de vente de produits vrac secs que l'on voit dans les commerces. On y trouve principalement des céréales, des graines, des amandes ou noix de cajou, des pâtes, du riz, du quinoa on encore des lentilles.

Pour me servir avec un silo : je place mon contenant (sachet, petit sac à vrac en tissu ou bocal) sous le bec verseur > j'active la poignée avec précaution > mon produit se verse doucement dans mon contenant > je relâche la poignée lorsque j'ai la quantité désirée. Si j'ai versé une quantité trop importante, je m'adresse à mon commerçant pour faire retirer l'excédent.

Comment utiliser un bidon équipé d'un robinet ?

Le bidon est très souvent utilisé pour présenter à la vente les produits en vrac liquides non-alimentaires, à savoir les produits d'hygiène, de beauté et d'entretien. Vous pourrez par exemple vous servir en lessive, produit vaisselle, gel douche et shampoing.

Pour me servir : je place mon flacon ou ma bouteille en dessous du robinet > j'active le robinet en tournant la manivelle dans un sens > je me sers > je tourne le robinet dans le sens inverse pour le fermer. Je vérifie que le robinet est bien fermé et que le produit ne coule pas avant de retirer mon contenant. Si je n'arrive pas à me servir ou à refermer le robinet, je vais voir mon commerçant pour lui demander de l'aide.

Comment utiliser un Bag in Box (BIB) ?

Le Bag in Box est une sorte de cubi, composé d'une poche plastique et d'un robinet permettant d'actionner l'écoulement du produit. Le BIB permet de prélever de petites quantités sans perte de qualité car son système empêche l'oxygène de pénétrer. On peut y retrouver des produits alimentaires comme non-alimentaires, mais il s'agit toujours de produits liquides. Vous pourrez vous fournir en huile, vinaigre, vin, jus de fruits, shampoing...

Pour me servir : je place mon flacon ou ma bouteille en dessous du robinet > j'appuie sur le robinet pour l'activer > je me sers en continuant d'activer le robinet > je lâche le robinet lorsque j'ai la quantité nécessaire.

Quelles recommandations suivre pour se servir tout en garantissant la bonne hygiène des produits ?

- On utilise les ustensiles de service (pinces et pelles) mis à sa disposition pour prendre les produits.
- On verse un seul type de produit par contenant.
- On ne remet pas soi-même d'excès de produits dans les bacs du magasin après s'être servi : on s'adresse au commerçant pour tout excès.
- On referme les couvercles des bacs des produits et on replace les ustensiles de service après utilisation.

Pour certains produits comme l'huile d'olive, les huiles essentielles, le percarbonate de soude, les cristaux de soude ou l'acide citrique, il est obligatoire de demander au commerçant de faire le service. Attention, en fonction du magasin où vous vous rendez, les équipements peuvent être un peu différents selon le type de produit. Si vous n'êtes pas sûr de vous, demandez conseil à d'autres clients de la boutique ou au commerçant.

ZOOM SUR L'HUILE D'OLIVE

L'huile d'olive est un produit soumis à une réglementation européenne spécifique. En France, grâce à l'action de Réseau Vrac, on peut depuis 2018, acheter de l'huile d'olive en quantité à la demande auprès d'un magasin qui a obtenu le numéro de conditionneur de FranceAgrimer. Le commerçant doit alors servir le consommateur dans un contenant propre inférieur à 5 litres, coller une étiquette reliant le bouchon à la bouteille et apposer son numéro d'agrément conditionneur sur l'étiquette du produit.

LE DRIVE TOUT NU

TOULOUSE

CHOISIR SES QUANTITÉS

Dans le vrac, il n'y a pas de quantité pré-imposée, il peut donc être compliqué de savoir quelles doses se servir en fonction des différents produits à acheter et de l'âge des mangeurs. Il peut donc être utile de s'aider d'un tableau résumant les quantités (en grammes) convenant par repas. Les indications données ci-dessous sont une moyenne, les rations doivent être adaptées suivant le menu proposé ainsi que l'appétit des convives.

	ENFANTS MATERNELLES	ENFANTS PRIMAIRES	ADOLESCENTS ET ADULTES
Céréales de petit déjeuner (type muesli ou corn flakes)	25 À 35 G	40 À 45 G	50 À 60 G
Biscuits et gâteaux secs	30 G	30 G	50 G
Chips (pour pique-nique)	30 G	30 G	60 G
Pâtes crues*	50 G	55 G	80 À 100 G
Riz cru*	40 G	55 G	60 À 75 G
Semoule crue*	45 G	50 G	60 G
Boulghour cru*	50 G	60 G	80 G
Quinoa cru*	50 G	60 G	80 G
Polenta crue*	45 G	50 G	60 À 65 G
Légumes secs crus :** Haricots rouges et blancs secs, lentilles, pois cassés, pois chiches, luzerne, fenugrec, azuki, mungo (ou soja vert), fèves...	40 G	55 G	60 À 70 G
Fruits sec oléagineux : Noix, amandes, noix de pécan, de cajou ou du Brésil	40 G	45 G	60 G
Fruits secs : Pruneaux, abricots secs, figues séchés	20 G	20 G	20 G

Ce tableau a été élaboré par Anne Moreau, diététicienne spécialisée en alimentation durable et psycho-nutritionniste à Lyon.

* Quantité pour le plat principal. Prévoir - 20 % quand il s'agit d'une entrée.

** Pour les légumineuses, c'est en général une règle de 3, il convient de multiplier le poids cru par 3 pour obtenir le poids cuit, ou le diviser par 3 si la recette indique un poids cuit.

TESTER DE NOUVEAUX PRODUITS

Si vous êtes plutôt féru de cuisine végétarienne, végétalienne, le vrac présente plein d'avantages car vous pourrez trouver de nombreux produits avec des apports nutritionnels intéressants. Le tableau ci-dessous vous présente quelques équivalences en termes d'apports en protéines entre des produits d'origine animale et des produits d'origine végétale que l'on peut trouver en vrac :

TABLEAU DES ÉQUIVALENCES PROTÉIQUES[1]

20 G DE PROTÉINES SONT APPORTÉES PAR :

ORIGINE ANIMALE	ORIGINE VÉGÉTALE
100 g de blanc de poulet (idéalement fermier, label Rouge ou Bio)	60 g de graines de soja entières cuites ou 35 g de poudre de spiruline (idéalement bio et française)
100 g de jambon blanc (le choisir sans nitrite et peu salé – idéalement filière Bleu Blanc Cœur)	150 g de graines de sarrasin
70 g d'agneau (viande moyenne)	200 g de tofu ou 108 g de tempeh
70 g de veau (viande moyenne)	420 g d'épeautre cuit
80 g d'entrecôte de bœuf	240 g de pois cassés ou de pois chiches cuits
90 g de poisson blanc (type cabillaud, merlu)	210 g de haricots rouges cuits
82 g de sardines en conserves	345 g de petit pois cuits
2 gros œufs fermiers ou catégorie 0 (= 160 g)	360 g de gnocchis de blé ou 440 g de pâtes complètes type pennes cuits
66 g de fromage pâte dure (type emmental)	600 g de boulgour ou 620 g de riz complet cuits
95 g de camembert, brie... (pâte molle)	490 g de quinoa cuit
55 g de parmesan	1 kg de haricot vert ou de brocoli ou de carotte ou de chou frisé
90 g de Bleu d'Auvergne	700 g de maïs en conserve ou 800 g de pomme de terre au four
4 yaourts nature (de 125 g chacun)	95 g d'amandes avec peau ou émondées
280 g de fromage blanc	150 g de noix ou noisettes (noix de Grenoble)

Attention, la qualité protéique (profil en acides aminés indispensables, les AAI) et la digestibilité ne sont pas prises en compte dans ce tableau et elles sont différentes pour les protéines animales et végétales. Pour les végétariens et végétaliens, il faut veiller à associer légumes secs et céréales pour conserver un bon apport quotidien en protéines.

1 Par Anne Moreau, diététicienne spécialisée en alimentation durable et psycho-nutritionniste à Lyon. Pour en savoir plus, rendez-vous sur son site internet http://annemoreaunutrition.com/

ZOOM SUR

L'ART DU MÉLANGE CÉRÉALES-LÉGUMINEUSES

(par Anne Moreau, diététicienne spécialisée en alimentation durable et psycho-nutritionniste à Lyon.)

La vente en vrac présente l'avantage de pouvoir acheter en petites quantités et donc de pouvoir facilement tester de nouveaux produits, plus sains et durables. C'est notamment le cas des céréales et des légumineuses.

Pourquoi les mélanger ?
Les céréales sont des plantes cultivées pour leurs grains, particulièrement riches en glucides complexes, protéines, fibres et minéraux. Ce sont, entre autres, le blé, le riz, l'orge, l'avoine. Les légumineuses, également appelées légumes secs, sont des graines séchées de plantes à gousses, dont les plus célèbres sont les haricots secs, les lentilles, les fèves et les pois. Elles sont riches en protéines, fibres, vitamines, oligoéléments ou minéraux. Cependant, céréales et légumineuses n'ont chacune que la moitié des acides aminés essentiels à la bonne santé humaine. C'est pour cela qu'associer ces deux familles, permet au corps de retrouver toutes les protéines indispensables dont il a besoin ! En bonus, les céréales et légumineuses coûtent bien moins cher que la viande et il existe de nombreuses et délicieuses associations pour se régaler (par exemple : du riz avec des haricots rouge façon chili ou bien de la semoule de blé avec des pois chiche façon couscous, etc.) !

Pour compléter ce tour d'horizon des découvertes que vous pourrez faire avec les produits vrac et des apports diététiques qu'ils peuvent apporter, nous vous proposons de découvrir, avec l'aide d'Anne Moreau, trois produits parfois méconnus avec des profils nutritionnels intéressants que vous pourrez tester en vrac lors de vos prochaines courses.

LE SARRASIN

Encore peu connue en France, cette céréale cumule pourtant beaucoup d'atouts : elle est bonne pour les papilles, la santé et celle de la planète. En vrac, vous retrouvez les grains de sarrasin entiers, grillés (kasha) ou concassés, ou encore sous forme de farines de différentes moutures, utilisées dans les galettes, les pains ou encore sous forme de spaghetti, appelés soba.

Malgré son surnom, « blé noir », le sarrasin ne contient naturellement pas de gluten. Les grains de sarrasin sont riches en protéines végétales (environ 13 g de protéines pour 100 g de céréales) de qualité, contenant les 8 acides aminés indispensables (tout comme le quinoa), qui permettent une assimilation optimale des nutriments par l'organisme : une vraie bonne alternative à la viande pour les personnes végétariennes et végétaliennes.

Le sarrasin est aussi riche en fibres (8 g pour 100 g de céréales), ce qui favorise un bon confort du transit intestinal et lui confère son index glycémique modéré (l'énergie issue de sa consommation est diffusée de façon constante dans l'organisme sans « pic de glycémie ») : un allié pour les personnes diabétiques.

Le sarrasin est riche en magnésium (environ 230 mg pour 100 g), ainsi que d'autres minéraux (potassium et phosphore notamment) et vitamines du groupe B. Petite originalité : le sarrasin est riche en rutine, un antioxydant cardio-protecteur qui agit sur le renforcement des parois vasculaires de nos vaisseaux sanguins.

Côté culture : le sarrasin est facile à cultiver en agriculture biologique car c'est une plante robuste. Sa filière est en plein essor en France.
Côté environnement : les fleurs de sarrasin attirent de nombreux insectes pollinisateurs et, en agriculture biologique, on s'en sert pour éliminer les mauvaises herbes et pour enrichir le sol en phosphate, un des trois éléments essentiels à la santé des plantes.

Bref, il a tout bon : le découvrir c'est l'adopter !

Testez sans attendre la recette des pancakes au sarrasin page 72 !

LES GRAINES DE LIN

Ces graines au petit goût de noisette ont le vent en poupe ! Graines de lin brun ou doré, c'est une question de goût : il n'y a pas de réelle différence sur le plan nutritionnel. Choisissez-les de préférence issues de l'agriculture biologique et, bien sûr, achetez-les en vrac.

Les graines de lin sont des puits d'acides gras polyinsaturés, en particulier d'oméga-3. Les oméga-3 ont la réputation de faire baisser le mauvais cholestérol et d'avoir ainsi un effet protecteur sur le système cardio-vasculaire. Sans oublier qu'ils sont indispensables à la synthèse de certains acides gras (EPA et DHA) dont le cœur et le système nerveux ont besoin pour fonctionner correctement.

Les graines de lin se distinguent aussi par une teneur en protéines végétales intéressante (24 g pour 100 g) et leur apport en fer et en minéraux (calcium, magnésium, potassium, phosphore). Particulièrement riches en fibres (27,3 g pour 100 g), les graines de lin favorisent un bon transit intestinal. Elles luttent efficacement contre la constipation sans irriter la muqueuse intestinale.

La teneur des graines de lin en lignanes est significativement plus élevée que celle de tout autre aliment végétal et pourrait aider à prévenir certains cancers hormonodépendants comme ceux du sein ou du côlon.

Une cuillère à soupe bombée par jour suffit à couvrir les besoins journaliers en oméga-3. Pour bénéficier au mieux de leurs bienfaits, consommez-les sous forme moulue ou broyée et conservez la mouture dans un récipient hermétique au réfrigérateur afin de protéger les acides gras de l'oxydation.

Vous pouvez ensuite les saupoudrer sur vos salades ou les intégrer dans vos laitages, gâteaux et pâtes à tarte.

Testez sans attendre la recette du pesto de lin, basilic et pignons page 69 !

LE POIS CHICHE

Sans doute le plus connu des trois aliments, le pois chiche possède plein de vertus parfois méconnues.

Riche en protéines végétales (11 g pour 100 g), il est toutefois recommandé de l'associer avec une céréale (semoule de blé, riz, millet, etc.) pour obtenir les 8 acides aminés indispensables.

En plus d'être une excellente source végétale, le pois chiche ne contient pas de gluten et possède une forte quantité de fer, de vitamine B6 et de magnésium.

Sa teneur en fibres (10 g pour 100 g) favorise un bon équilibre du microbiote et un bon transit intestinal. Toutefois, il est recommandé de consommer les pois chiches cuits ou germés pour éliminer les toxines et les enzymes naturellement présentes, qui perturbent l'assimilation de tous les nutriments.

Enfin, les pois chiches contiennent de la vitamine K, de l'acide folique (précieuse dans l'enfance, à l'adolescence et au cours de la grossesse pour le développement du fœtus), du phosphore, du zinc, du cuivre, du manganèse, de la choline et du sélénium.

Un cocktail intéressant pour être en pleine forme !

Testez sans attendre la recette du hommous aux pois chiches et gingembre page 66 !

BILAN DE L'ÉTAPE

Vous êtes prêt à passer le cap et à tester de nouveaux produits vrac de manière plus régulière maintenant que vous savez comment vous servir et quelles quantités acheter. Vous n'aurez plus peur de demander de l'aide au commerçant, car vous avez compris que dans l'achat en vrac, le dialogue avec ce dernier fait partie intégrante de l'expérience d'achat.

Il n'y a plus qu'à vous lancer. Vous verrez, vous allez rapidement y prendre goût et devenir un véritable expert ! Quand l'heure viendra, vous n'aurez plus qu'à vous rendre en page 49 et page 55 pour tout savoir sur les contenants et le stockage des produits vrac !

LES PROCHAINES ÉTAPES POUR ALLER PLUS LOIN DANS MA PRATIQUE DU VRAC :

Cochez toutes les actions que vous menez déjà et mettez-vous au défi de réaliser celles qui vous manquent dans les prochains jours :

- ☐ Je connais la quantité dont j'ai besoin par produit, ce qui me permet d'acheter le juste nécessaire.
- ☐ Je garde un bocal ou un sac à vrac vide pour les achats « découvertes » et ainsi tester des aliments inconnus en petite quantité.

J'essaie progressivement différents types de produits en vrac :

- ☐ Aliments secs (féculents, biscuits, céréales, café...).
- ☐ Aliments liquides (huiles, vinaigres, sauce tamari...).
- ☐ Produits d'entretien (vinaigre ménager, bicarbonate de soude, savon noir, liquide vaisselle...).
- ☐ Produits d'hygiène et de beauté (dentifrice, shampooing, crème...).

ÉTAPE 3
JE DEVIENS EXPERT DU VRAC

La dernière partie de ce guide vous permet d'appréhender les bonnes pratiques pour utiliser, entretenir vos contenants, et conserver vos produits, mais aussi pour en apprendre un peu plus sur la réglementation et la traçabilité des produits vrac. Après l'avoir lue, vous serez en passe de devenir un réel ambassadeur de la consommation vrac.

L'AUVERGNE EN VRAC

PUY-DE-DÔME

OÙ TROUVER LES INFOS CONCERNANT LES PRODUITS ?

TRAÇABILITÉ, DE QUOI PARLE-T-ON ?

La traçabilité désigne la capacité du consommateur à retrouver l'historique, l'utilisation et la composition d'un produit de sa chaîne de production jusqu'à sa chaîne de distribution et de consommation. Avec le vrac, on peut avoir le sentiment que les informations relatives au produit disparaissent, alors que ce n'est pas le cas. La réglementation sur l'étiquetage s'applique aussi aux produits non préemballés en vente !

QUELLES SONT LES RÈGLES D'ÉTIQUETAGE DES PRODUITS ALIMENTAIRES VENDUS EN VRAC ?

Les mentions d'affichage obligatoires des produits vrac sont les mêmes que pour les produits préemballés.

QUIZ

QUEL SONT LES MENTIONS OBLIGATOIRES D'ÉTIQUETAGE DES PRODUITS ALIMENTAIRES EN VRAC ?

A) Le nom du produit

B) Les valeurs nutritionelles

C) Les allergènes

D) Le prix au kilo

E) L'état physique (séché, confit, surgelé...)

F) L'origine

G) La durée de vie (DLC ou DDM)

H) La composition (liste des ingrédients)

Réponse : A, C, D et E (l'origine n'est obligatoire que pour les fruits, les légumes et les produits bio).

Au final, si l'on peut trouver qu'il n'y a pas beaucoup d'informations sur l'étiquetage des produits en vrac, c'est tout simplement parce qu'il y a peu de mentions légales obligatoires. La plupart des magasins vrac font le choix d'afficher, à titre volontaire, plus d'informations, comme les valeurs nutritionnelles, des conseils sur la préparation, la conservation ou encore la date de durabilité minimale (DDM).

ZOOM SUR

LA DIFFÉRENCE ENTRE DLC ET DDM

Une DLC (date limite de consommation) peut aussi être traduite par la mention « à consommer jusqu'au... » ou « à consommer avant... » suivi d'une date. Cela signifie qu'il ne faut pas consommer le produit après cette date car il peut être dangereux pour la santé. La DLC concerne les produits frais comme les yaourts, le beurre, etc.

Une DDM (date de durabilité minimale) souvent traduite par la mention « à consommer de préférence avant le... » suivi d'une date, indique qu'il est préférable de consommer le produit avant cette date afin de pouvoir profiter de toutes ses qualités gustatives et nutritionnelles. Le produit reste donc consommable après cette date s'il a été conservé dans de bonnes conditions (voir la conservation des produits p. 55). La DDM a remplacé la DLUO (la date limite de d'utilisation optimale). Certains produits sont non périssables et seulement soumis à une DDM. Ce sont des produits d'épicerie sèche comme les pâtes, le riz, la semoule, les légumineuses, la farine...

Il arrive que certains produits n'aient pas de DLC (seulement une DDM) mais soient fragiles et nécessitent des conditions de stockage particulières afin de préserver leur qualité. C'est le cas des fruits secs tels que les pruneaux, dattes ou abricots, des épices, de certaines huiles (noix, lin...) et de certaines graines oléagineuses et de farines comme celle de châtaigne.

QUELLES SONT LES RÈGLES D'ÉTIQUETAGE DES PRODUITS D'ENTRETIEN ET D'HYGIÈNE-BEAUTÉ LIQUIDES VENDUS EN VRAC ?

Les magasins mettent à disposition des étiquettes comportant l'ensemble des mentions obligatoires, qu'il est nécessaire de coller sur le contenant du produit acheté. Ces mentions obligatoires sont les mêmes que celles que l'on trouve sur les produits préemballés. Il est possible de garder la même étiquette lorsque que vous remplissez le contenant avec le même produit et dès lors que les mentions sont encore lisibles. L'étiquette doit bien correspondre au produit acheté.
Attention à ne pas mélanger deux produits différents dans un même contenant, cela pourrait provoquer un danger pour la santé :

- Le mélange de produits d'entretien différents (ex : lessive et produit nettoyant pour la maison) est potentiellement dangereux car ceux-ci sont constitués de molécules ou « particules chimiques » (comme tous les produits d'entretien) qui ne font pas forcément bon ménage entre elles. Leur mélange pourrait donc provoquer une réaction chimique et vous mettre en danger ou bien réduire l'efficacité du produit. Attention, cela vaut pour tous les produits, même pour les produits d'entretien « écologiques » (on parle de risque chimique).

- Le mélange de produits tels que gels douche, savons ou shampoings ou encore de lessives peut également présenter un danger potentiel. En effet, des traces de l'ancien produit peuvent demeurer sur les parois intérieures du contenant (mal ou pas égoutté/rincé) et se mélanger avec le nouveau produit et provoquer ainsi des réactions allergiques cutanées si les personnes sont sensibles aux molécules de l'ancien produit (on parle de risque allergène).

Comment m'assurer de la traçabilité de mes produits ?

Si malgré tout persiste le sentiment qu'il manque des informations sur le produit, alors le commerçant est la personne vers qui vous tourner. Il connaît bien les produits en vente et peut parler de leur histoire et de leur provenance, donner des idées de recettes et des indications sur le temps de cuisson.

Ô BOCAL

NANTES

Les matériaux et objets destinés à entrer en contact avec des denrées alimentaires revêtent souvent le signe conventionnel symbolisant un verre et une fourchette.

SE DOTER DE CONTENANTS VRAC ADAPTÉS

LA PALETTE DES CONTENANTS VRAC ALIMENTAIRES

Il existe de nombreux contenants destinés à stocker ou à transporter des produits alimentaires vrac (bocaux en verre, sacs en tissu, boîtes en métal, bouteilles en verre teinté, etc.) Il est en revanche essentiel que ces contenants soient propres et aptes au contact alimentaire (voir « Le saviez-vous ? » p.48).

Focus sur les petits sacs à vrac en tissu :

Pour l'achat et le transport, il est conseillé d'utiliser des sacs en coton ou en lin bio régulièrement lavés. L'utilisation de tissus imprimés est déconseillée car ces tissus peuvent transférer des encres sur les aliments. Les sacs en tissu sont, pour l'achat et le transport, légers et très facilement transportables – ils se glissent aisément dans un cabas ou un chariot de courses.

LA PALETTE DES CONTENANTS VRAC NON-ALIMENTAIRES

Pour les produits d'entretien et d'hygiène-beauté dits « rinçables* » (lessive, produit vaisselle, gel douche, shampoing) : le contenant utilisé doit toujours servir au même usage. Concrètement cela signifie qu'on peut utiliser un ancien contenant de lessive pour racheter de la lessive d'une autre marque mais qu'on ne peut pas utiliser ce même contenant pour du gel douche.

Pour les produits d'hygiène-beauté dits « non rinçables** » : à l'heure actuelle, en pratique, le contenant du magasin est obligatoire et majoritairement consigné, étant donné le caractère sensible de ces produits.

*On appelle produit « rinçable » les produits qui peuvent être facilement rincés à l'eau comme de la lessive ou du shampoing.

**Les produits « non-rinçables » désignent les produits de type crème qui résistent à l'eau.

ZOOM SUR

LES CONTENANTS DE PRODUITS DÉTERGENTS ET D'HYGIÈNE-BEAUTÉ

Grâce à l'action de Réseau Vrac, il est désormais possible de réutiliser son ancien contenant de produit d'entretien ou de produit d'hygiène-beauté « rinçable » (pour les non rinçables, la consigne reste recommandée) pour acheter ces mêmes produits en vrac, sauf restrictions justifiées par les fabricants des produits. Plus besoin d'acheter un premier contenant neuf fourni par le fabricant de ces produits comme c'était le cas auparavant !

Quelques règles sont à respecter :

- Les contenants apportés doivent être réutilisés pour un usage identique. Exemple : je dois réutiliser un contenant de liquide vaisselle pour acheter du liquide vaisselle en vrac, un contenant de gel douche pour acheter du gel douche en vrac...

- Pour les produits d'hygiène-beauté : des travaux concernant les protocoles de nettoyage des contenants pour ce type de produits sont en cours au sein de Réseau Vrac. Pour en savoir plus, reportez-vous au **Protocole de nettoyage pour les contenants non-alimentaires** (voir page 53).

- Pour acheter des produits vrac certifiés écologiques (ex. Nature et Progrès, Ecolabel) la réutilisation des contenants de produits bénéficiant d'une certification est recommandée. Exemple : un bidon de lessive Ecolabel peut être réutilisé pour acheter une autre lessive, mais celle-ci devra être certifiée Ecolabel.

OÙ TROUVER DES CONTENANTS VRAC ?

Chez moi :

• Je peux conserver et réutiliser des contenants existants comme des pots de confiture, des bocaux de conserve en verre, des sacs en tissu ou des sachets en papier.

• Je peux également fabriquer mes propres sacs à vrac à partir de tissus vierges et sans motif (voir page 65).

En magasin :

• Je peux trouver des contenants gratuits mis à ma disposition dans les magasins proposant du vrac comme des sachets en papier ou d'anciens bocaux apportés par les clients, qui auront été préalablement lavés par le magasin.

• Je peux acheter des contenants neufs sur place ou dans des magasins d'équipement de la maison par exemple.

Don et Internet :

• Je peux récupérer des contenants auprès de mes proches.

• Je peux acheter en ligne des contenants neufs ou d'occasion.

COMMENT NETTOYER MES CONTENANTS ?

Le consommateur est responsable de la propreté de son contenant. Il faut donc veiller au bon entretien de celui-ci. Veillez à toujours nettoyer un contenant neuf avant sa première utilisation.

Protocole de nettoyage pour les contenants alimentaires :

Bocaux en verre :
Je nettoie mes bocaux en verre au lave-vaisselle en privilégiant un cycle à 70°, le pot est ainsi désinfecté. Je peux aussi les nettoyer à la main, avec du liquide vaisselle et à l'eau chaude > je privilégie l'égouttage pour les faire sécher, ou j'utilise un torchon propre.

Boîtes en métal :
Je nettoie ma boîte en métal à la main, avec du liquide vaisselle et à l'eau chaude > je privilégie l'égouttage pour la faire sécher ou j'utilise un torchon propre pour l'essuyer.

Petits sacs à vrac en tissu :
Je place mes sacs à l'envers et les secoue pour enlever les résidus et autres débris accrochés au textile.

- Si je possède une machine à laver, je règle sa température de lavage en me basant sur celle recommandée sur l'étiquette des sacs (30°, 40° ou 60°) et lance mon cycle de lavage avec ma lessive habituelle.

- Si je ne possède pas de machine, je mets à tremper mes sacs à l'envers pendant quelques minutes dans une eau tiède contenant un peu de ma lessive habituelle, puis je les frotte énergiquement et les rince au moins deux fois pour éliminer toute trace de lessive.

Une fois les sacs lavés, rincés et essorés, je privilégie un séchage mécanique (dans un sèche-linge), sinon je fais sécher mes sacs à l'abri des poussières. Dans les deux cas, je peux utiliser une lessive désinfectante qui permettra d'assainir les sacs et ainsi éliminer les potentiels microbes et les mauvaises odeurs ; ou alors, je peux les repasser à l'envers, une fois secs, ce qui permettra également de tuer les microbes et les mauvaises odeurs.

Pour effectuer l'entretien de vos sacs à vrac en tissu, vous pouvez séparer ceux qui servent pour les légumes de ceux que vous destinez à contenir des produits secs. En effet, les sacs destinés à contenir des fruits ou des légumes ne nécessitent pas un protocole de nettoyage aussi strict que ceux qui vont contenir des produits secs car les fruits et légumes seront lavés avant d'être consommés. Par ailleurs, les sacs ayant contenus des fruits et légumes peuvent être souillés par de la terre, des tâches, le jus des fruits… ce qui pourrait nécessiter, de temps en temps, un lavage en machine.

Bouteilles en verre pour du vinaigre :
Je rince à l'eau chaude (sans produit) et je frotte avec un goupillon. Je fais sécher la bouteille à l'envers et la laisse s'égoutter.

Bouteilles en verre pour de l'huile :
J'égoutte au maximum l'huile restante (sans rincer ni laver avec un produit) et je réemploie le contenant pour le même produit. Le mélange de l'eau avec des produits gras crée une émulsion qui est très compliquée à éliminer.

Protocole de nettoyage pour les contenants non-alimentaires :

Afin de faciliter la réutilisation des contenants pour acheter des produits d'hygiène et de beauté en vrac, Réseau Vrac anime un groupe de travail avec des professionnels fabricants de ces produits en vue de définir un protocole de nettoyage standard de ces contenants selon la composition de leurs matériaux (plastique, verre ...). Un tel protocole serait d'ailleurs transposable aux contenants destinés à contenir des produits d'entretien type lessive, produits à vaisselle, etc.

Pour les produits « rinçables » type shampoing, lessive, produit vaisselle, etc., Réseau Vrac vous recommande pour le moment le protocole de nettoyage ci-dessous :

Contenants en plastique ou en verre :
Je vide bien le contenant et le retourne afin que les dernières gouttes du produit puissent s'égoutter > je rince plusieurs fois mon contenant à l'eau tiède > je ne remue surtout pas mon contenant afin d'éviter qu'il y ait trop de mousse > j'attends que la mousse disparaisse > je fais sécher mon contenant à l'envers. Si j'utilise toujours le même contenant pour le même produit (exemple : toujours une même lessive de la même marque), il n'est pas obligatoire de rincer entre chaque nouveau remplissage. En revanche il faut veiller à ce que le produit soit correctement égoutté[1].

Pour éviter de devoir attendre que vos contenants soient complètement vides, lavés et secs avant de les remplir à nouveau pendant vos courses, nous vous conseillons d'avoir plusieurs contenants supplémentaires vides et prêts à être remplis. Ainsi vous n'aurez pas à attendre pour faire vos courses ou pour remplir un contenant dans lequel il resterait un fond de produit.

1 Le protocole ci-dessus vaut pour les produits d'entretien, le shampoing, le savon, le gel douche, la lessive, le liquide vaisselle, etc. Il ne vaut pas pour les produits « non-rinçables » comme les crèmes (ou émulsions).

CONSERVER SES PRODUITS VRAC À LA MAISON

CONSERVER SES PRODUITS VRAC À LA MAISON

COMMENT CONSERVER MES PRODUITS NON-ALIMENTAIRES VRAC ?

De même que pour les produits préemballés, il est préférable de ranger ses produits d'entretien ou d'hygiène et de beauté en vrac hors de portée des enfants. Ne transvasez pas ces produits dans des contenants qui évoquent un contenant alimentaire de manière à éviter les risques de confusion. Exemple : ne pas transvaser une lessive dans un pot de confiture.

COMMENT CONSERVER MES PRODUITS ALIMENTAIRES VRAC ?

Si vous faites vos courses en vrac dans des contenants de transport type sachets en papier ou petits sacs à vrac en tissu, il faut transvaser les denrées dans des contenants de stockage propres et aptes au contact alimentaire. Il est préférable d'adapter les contenants de conservation en fonction des produits :

PRODUITS ALIMENTAIRES STABLES (pâtes, riz, légumes secs, etc.) : ces produits non périssables sont faciles à conserver. Des bocaux en verre ou des boîtes en métal suffisent pour les conserver.

PRODUITS ALIMENTAIRES SENSIBLES (épices, produits gras, graines oléagineuses type noix de cajou..., thé, café moulu, farine de châtaigne, céréales, muesli, gâteaux salés et sucrés, recettes à préparer...) : ce sont des produits sensibles qui se conservent moins bien et qui risquent de se dégrader plus rapidement si on ne prend pas certaines précautions. Pour ces produits secs, mieux vaut privilégier par exemple des bocaux en verre ou des boîtes en métal à fermeture hermétique pour limiter le ramollissement d'un muesli, le rancissement d'une farine de châtaigne ou la perte des particules aromatiques d'un thé.

Afin de préserver toutes les qualités nutritionnelles et gustatives de certaines huiles (lin, noix...), sensibles à l'oxydation, il est recommandé :

- De les acheter en petites quantités,
- De privilégier des bouteilles en verre teinté,
- De les stocker dans la porte de votre réfrigérateur pour celles qui ne figent pas au froid.

Ces mesures permettront de limiter leur dégradation par l'oxygène, la lumière et les températures élevées, et ainsi prolonger leur durée de vie et toutes leurs qualités. N'hésitez pas à demander conseil à votre commerçant, il connaît les produits et pourra vous indiquer comment les conserver dans les meilleures conditions.

LIQUIDES ALIMENTAIRES
(vinaigres, sirops, boissons avec ou sans alcool) :
Ces produits auront une conservation optimale s'ils sont stockés dans des bouteilles en verre.

De manière générale, tous les produits alimentaires doivent être conservés à l'abri de l'humidité et de la chaleur. En effet, l'humidité et la chaleur sont des facteurs favorisant le développement des insectes et des moisissures qui peuvent dégrader l'aliment. D'où l'importance de vérifier que le contenant est complètement sec avant d'y stocker son riz ou son muesli.

Pour conserver ses produits vrac de manière optimale, il vaut mieux :

1. Éviter les contenants avec des bouchons en liège sans fermeture hermétique.

2. Ne pas remettre un produit dans sa boîte ou son bocal si celui-ci est resté dehors plusieurs heures afin d'éviter de ramollir / durcir les produits qui se trouvent à l'intérieur. Placé à l'air libre, un produit alimentaire sec aura tendance à capter l'humidité de l'environnement et donc à ramollir. Aussi, s'il est replacé dans son contenant, le reste des aliments sera « contaminé » par ce ramollissement.

3. S'assurer que son contenant est propre et sec afin d'assurer des meilleures conditions d'hygiène et de préservation du produit.

4. Acheter des petites quantités de produits dits "sensibles".

QUE FAIRE SI JE CONSTATE LA PRÉSENCE DE MITES ALIMENTAIRES CHEZ MOI ?

Les mites n'apparaissent pas avec le vrac, comme on pourrait le penser. Ces insectes se retrouvent dans les denrées alimentaires parce qu'ils sont présents dans les champs (et attrapés au moment de la récolte) ou dans les entrepôts des producteurs lors du stockage. On les trouve plus souvent dans les produits bio. La raison ? Ces derniers subissent très peu ou pas du tout de traitements insecticides.

De manière générale, la présence de nuisibles dépend surtout, après les conditions climatiques des récoltes, des conditions de conservation et de conditionnement des produits aussi bien chez les producteurs et les fournisseurs que chez les commerçants.

Les mites alimentaires peuvent parfois se déplacer d'un contenant à un autre, ou infester votre cuisine si les contenants ne sont pas hermétiques ou fermés correctement. En effet, des bocaux mal refermés ou non hermétiques vont permettre la sortie et/ou l'entrée d'insectes, mais aussi favoriser l'apparition d'humidité à l'intérieur. En rangeant les denrées alimentaires dans des contenants hermétiques, vous limiterez déjà beaucoup le risque d'infestation dans votre cuisine et au niveau de vos stocks alimentaires.

Comment réagir à la présence des mites alimentaires ?

1. Fermez immédiatement les couvercles des contenants des produits contaminés et placez-les au congélateur pendant 24 heures, ce qui va tuer les insectes.

2. Débarassez-vous ensuite des denrées alimentaires dans une poubelle en versant doucement le contenu afin d'éviter la mise en suspension dans l'air des insectes et des poussières. Évacuez rapidement le sac poubelle une fois les denrées infestées à l'intérieur.

3. Frottez vigoureusement les parois des contenants concernés par les denrées infestées avant de les mettre au lave-vaisselle, et choisissez un cycle de lavage à température élevée (si possible à 70°). Si vous ne possédez pas de lave-vaisselle, il est recommandé de laisser tremper les contenants 30 minutes dans de l'eau très chaude avec du produit vaisselle, puis de frotter les parois. Vous pouvez ensuite assainir les parois intérieures de vos bocaux en les ébouillantant. À défaut, vous pouvez utiliser du vinaigre blanc, mais il faut savoir que ce n'est pas un produit désinfectant.

4. Enfin, pensez bien à nettoyer et à désinfecter les placards ayant contenus vos stocks de denrées contaminées à l'aide d'un alcool ménager, en veillant à aérer correctement votre cuisine pendant et après l'opération (lisez bien les précautions d'utilisation du produit et privilégiez un alcool ménager sans méthanol, en vrac bien sûr !).

5. Si vous craignez qu'il reste des mites alimentaires dans d'autres denrées alimentaires et dans votre cuisine, vous pouvez installer des pièges « à phéromones » au-dessus de vos placards de cuisine. Ces pièges ne sont pas nocifs pour la santé, ils vont simplement attirer les mites mâles qui vont venir s'y coller et ainsi rompre le cycle de fécondation des femelles, et donc empêcher la prolifération des mites. Mais attention, il faudra éliminer les mites femelles par un autre moyen : si vous n'avez pas de contre-indication médicale à l'inhalation d'huiles essentielles, vous pouvez en employer pour repousser les mites femelles restantes. Certaines huiles essentielles ont des propriétés répulsives sur les insectes : vous pouvez verser quelques gouttes d'un mélange d'huiles essentielles (laurier noble, clou de girofle et menthe poivrée) dans une coupelle au-dessus de vos placards.

6. Surveillez régulièrement vos contenants alimentaires ainsi que le plafond de votre cuisine pour vérifier qu'il n'y a plus de mites alimentaires chez vous.

BILAN DE L'ÉTAPE

Et voilà, le vrac n'a plus de secret pour vous désormais ! Vous êtes devenu un expert des contenants et savez parfaitement conserver vos produits dans les meilleures conditions d'hygiène.

Maintenant, on compte sur vous pour appliquer ces méthodes chez vous et en parler autour de vous. Rappelez-vous votre cheminement du départ et soyez bienveillant avec ceux qui ne connaissent rien à ce mode de consommation. Pour convaincre vos proches, n'hésitez pas à mettre ce guide entre leurs mains !

LES PROCHAINES ÉTAPES POUR PERFECTIONNER MA PRATIQUE DU VRAC :

Cochez toutes les actions que vous menez déjà et mettez-vous au défi de réaliser celles qui vous manquent dans les prochains jours :

- [ ] J'organise ma cuisine pour que le rangement soit adapté au vrac.
- [ ] Je me constitue un stock de contenants réutilisables pour mes produits en vrac (bocaux en verre, petits sacs à vrac en tissu, boîtes en métal...).
- [ ] J'étends mes courses vrac à de nouveaux produits : boissons, croquettes pour animaux, etc.
- [ ] Je sensibilise mon entourage sur mon mode de consommation et je partage mes astuces et lieux de courses à mes proches.
- [ ] J'organise un goûter et/ou un apéro avec des produits en vrac avec mes proches.
- [ ] Je fabrique mes produits de beauté (déodorant, shampoing...) et/ou produits d'entretien (lessive, liquide vaisselle...) à base de produits achetés en vrac.

EN RÉSUMÉ

LES 10 ÉTAPES À RETENIR POUR CONSOMMER EN VRAC :

1. Je repère les endroits me permettant d'acheter des produits en vrac, grâce à la carte de Réseau Vrac notamment (voir p. 26).

2. J'établis une liste de courses avec les produits et les quantités dont j'ai besoin, afin de limiter le gaspillage alimentaire.

3. Je m'équipe de contenants propres et adaptés (sacs à vrac en tissu, bocaux en verre, boîtes en métal, bouteilles...).

4. Je pèse mes contenants vides en magasin.

5. Je me sers en quantité nécessaire (ou me fais servir par le commerçant) sans toucher directement le produit.

6. Je referme les couvercles des bacs ou des bocaux et je remets les ustensiles de service en place.

7. Je paye en caisse la juste quantité et je m'assure que mes contenants d'huile d'olive, de produits d'entretien ou d'hygiène-beauté sont bien étiquetés.

8. À la maison, je transvase les produits des sachets et des petits sacs à vrac dans des contenants de conservation propres, secs et adaptés.

9. Je conserve mes produits à l'abri de la chaleur, de l'humidité et de la lumière.

10. Je lave régulièrement mes contenants : sacs à vrac en tissu à la machine à laver, boîtes et bocaux au lave-vaisselle ou à la main avec du liquide vaisselle. Je veille à ce qu'ils soient bien secs avant de les remplir à nouveau.

MODE DE VIE PRÉEMBALLÉ VS VRAC : QUELLES DIFFÉRENCES AU QUOTIDIEN ?

PRÉEMBALLÉ

• Trop de choix pour un même produit s'offrent à moi et choisir s'avère finalement chronophage et frustrant. Cela peut également provoquer des achats superflus et donc des dépenses et du gaspillage.

• Je ne peux pas choisir les quantités de produits.

• Les matériaux des emballages me sont imposés.

• Mes placards sont remplis par des emballages à usage unique qui vont eux-mêmes remplir mes poubelles et vont générer des déchets et de la pollution.

• Je me retrouve à sortir souvent les poubelles, car celles-ci sont pleines d'emballages vides.

VS

VRAC

• Je sors toujours avec quelques sacs à vrac en tissu réutilisables.

• J'ai un choix utile par grandes typologies de produits (je ne choisis pas entre dix marques de riz ou de pâtes) et, globalement, je retrouve tous les produits correspondant à mes besoins et j'en découvre même de nouveaux.

• Je suis libre de choisir la quantité de produits que je désire, je peux tester de nouvelles choses sans avoir peur de me tromper, ni de me retrouver avec un stock trop important dans mes placards.

• Mes placards sont remplis de contenants réutilisables comme des bocaux en verre, qui mettent en avant les produits et me permettent de voir en un coup d'œil où en sont mes stocks.

• Je réduis ma quantité de déchets et je sors donc moins la poubelle.

• J'entretiens mes contenants réutilisables avec soin (hygiène, rangement...).

ÉTAPE 4

JE METS EN PRATIQUE L'USAGE DU VRAC AVEC DES RECETTES ET DES TUTOS

TAWASHI, L'ÉPONGE ZERO DÉCHET

Le tuto de DAY BY DAY (Savigny-sur-Orge - Île-de-France)

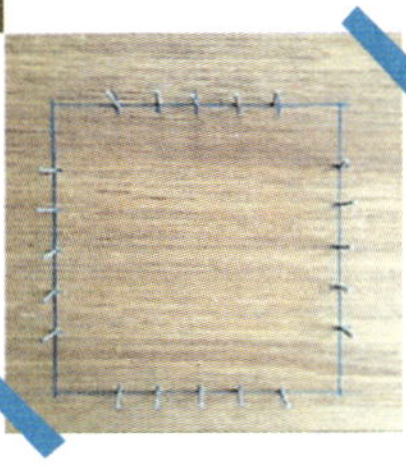

MATÉRIEL :

• Une planche de bois

• Des clous

• Des chaussettes/collants/ leggings/manches de t-shirts que vous n'utilisez plus

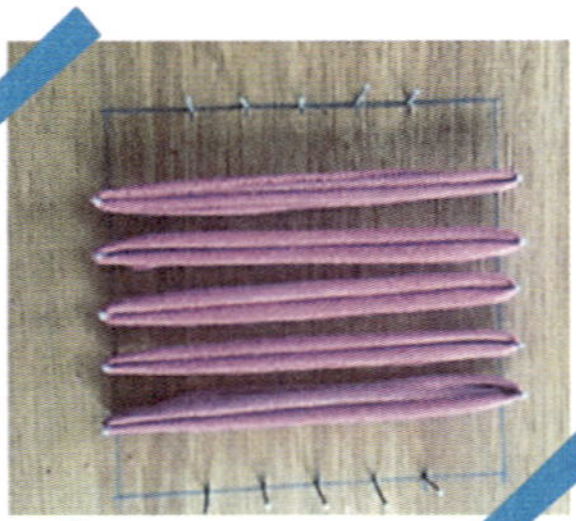

PRÉPARATION :

1. Tracez un carré de 14 x 14 cm sur une planche et plantez 5 clous espacés de 2 cm entre eux et de 3 cm du coin du carré sur chaque côté du carré.

2. Coupez dans la largeur de votre tissu 10 bandes d'environ 3 cm de largeur.

3. Positionnez les 5 premières bandes sur les clous (voir photo avec les 5 bandes roses).

4. Avec les bandes de couleur noire, tissez en passant en-dessous puis au-dessus des bandes roses.

5. Une fois toutes les bandes positionnées et le quadrillage fini, prenez la lanière d'un coin à gauche et passez la lanière de droite à l'intérieur de celle de gauche. Répétez l'opération de la même manière jusqu'à faire tout le tour du carré.

6. Il restera 2 lanières à la fin : finissez en les nouant.

Conseil d'utilisation : Lavez le Tawashi à 30°.

SACS À VRAC

Le tuto des Éditions La Plage

MATÉRIEL :

• Du tissu de récup en coton, sans motif (vieux torchons, drap, nappe)

• Du fil à coudre assorti

• Un cordon rond assorti

PRÉPARATION :

1. Coupez 2 rectangles de tissu pour chaque modèle de sac.

Selon la taille, prévoyez :

• Pour le modèle taille S : 2 rectangles de 14 cm x 20,5 cm et 35 cm de cordon.

• Pour le modèle taille M : 2 rectangles de 20 cm x 28,5 cm et 45 cm de cordon.

• Pour le modèle taille L : 2 rectangles de 30 cm x 35,5 cm et 65 cm de cordon.

• Pour le modèle taille XL : 2 rectangles de 35 cm x 45 cm et 80 cm de cordon.

2. Surfilez tous les côtés. Posez les 2 morceaux de tissu endroit contre endroit et cousez 3 côtés à la machine à 0,5 cm des bords.

3. Sur l'envers, appuyez un retour au fer à repasser de 2 cm et cousez au bord tout le tour.

4. Passez le cordon : enfilez le cordon sur une aiguille à laine (ou une épingle à nourrice), faites-le passer dans la coulisse. Faites un nœud pour maintenir les deux extrémités du cordon ensemble.

Utilisation et entretien : Lavez régulièrement vos sacs à vrac à la machine à 40° ou 60° selon s'il sont très sales ou pas. Laissez sécher.

GRAINES APÉRO AU TAMARI

La recette de VERVÎCOOP (Verviers - Belgique)

INGRÉDIENTS :

- Graines de tournesol
- Graines de courge
- 2 c. à soupe de tamari
- Huile

PRÉPARATION :

1. Dans une poêle huilée, versez une quantité plus ou moins égale de graines de courges et de graines de tournesol et recouvrez le fond de la poêle.
2. Faites chauffer à feu vif en remuant.
3. Lorsque les graines de tournesol commencent à se colorer et les graines de courge à "éclater", retirez du feu et versez du tamari (à peu près 2 c. à soupe).
4. Remuez bien, puis laissez refroidir.

HOUMOUS AUX POIS CHICHES ET GINGEMBRE

La recette d'Anne (diététicienne spécialisée en alimentation durable)

INGRÉDIENTS :

- 65 à 80 g de pois chiches cru = 200 g de pois chiches cuits
- 1 gousse d'ail
- 3 c. à soupe d'huile de colza (pour les oméga-3) ou d'olive (pour le goût et les oméga-6)
- 1 c. à soupe de Tahin (purée de sésame)
- 1 petit morceau de gingembre frais
- Le jus d'1/2 citron vert (bio de préférence)
- 1 pincée de sel de Guérande ou de Gomasio

PRÉPARATION :

1. Faites cuire les pois chiches selon la méthode de trempage accélérée. Lavez généreusement les pois chiches à l'eau froide, placez-les dans une casserole avec 3 fois leur volume d'eau. Faites bouillir 2 minutes. Laissez-les ensuite reposer en l'état (dans l'eau) pendant 1 heure.
2. Mixez les pois chiches cuits égouttés avec l'huile jusqu'à obtenir une sorte purée épaisse.
3. Ajoutez l'ail dégermé, le gingembre râpé et la purée de sésame. Mélangez.
4. Pressez le citron vert et ajoutez-le à la préparation en conservant la pulpe.
5. Assaisonnez et ajustez selon les préférences et la consistance souhaitée.

FALAFELS DE LENTILLES

La recette du DRIVE TOUT NU (Toulouse - Occitanie)

INGRÉDIENTS (pour une vingtaine de falafels) :

- 300 g de lentilles vertes sèches
- 1 gros oignon
- Du persil frais
- De la coriandre fraîche
- Des épices : cumin, curcuma, ras-el-hanout, piment (selon vos goûts)
- Huile neutre

PRÉPARATION :

1. Faites tremper les lentilles dans une grande quantité d'eau pendant une nuit.
2. Le lendemain, égouttez-les.
3. Pelez et coupez l'oignon.
4. Mixez les lentilles et l'oignon avec les feuilles de persil et de coriandre afin d'obtenir une consistance pâteuse. Mélangez les épices à la préparation.
5. Formez des petites boules et faites-les cuire à feu vif à la poêle avec une huile neutre (huile de tournesol).

Conseil : Savourez-les avec une assiette de crudités et une sauce au yaourt assaisonné aux épices et avec un peu de citron.

DAHL DE POIS CASSÉS

La recette de LES MONTS EN VRAC (épicerie itinérante – Monts-du-Lyonnais)

INGRÉDIENTS :

- 400 g de pois cassés
- 3 carottes
- 1 oignon
- Curry
- Huile d'olive
- Sel et poivre

PRÉPARATION :

1. Mettez à tremper les pois cassés dans de l'eau pendant au moins 1 heure.
2. Épluchez et émincez l'oignon, faites-le revenir dans une poêle profonde ou un wok avec de l'huile d'olive.
3. Saupoudrez l'oignon de curry une fois qu'il commence à dorer.
4. Épluchez les carottes et coupez-les en petits dés.
5. Ajoutez les carottes et les pois cassés égouttés dans le wok.
6. Couvrez d'eau et laissez cuire sur feu moyen.
7. Surveillez en remuant de temps à autre. Le dahl est prêt lorsque les pois cassés fondent et se défont. N'hésitez pas à rajouter de l'eau si elle est absorbée avant la fin de la cuisson.

RISOTTO DE PETIT ÉPEAUTRE

La recette de TRATTINO (Lyon – Auvergne-Rhône-Alpes)

INGRÉDIENTS :

Pesto :

- 100 g de basilic
- 45 g de noix de Grenoble
- 2 g de sel
- 180 g de pecorino
- 200 ml d'huile d'olive
- 2 g de curcuma
- 1 gousse d'ail

Risotto :

- 100 g de petit épeautre
- 1 oignon
- Huile d'olive

Cœur de Buratta :

- 250 ml de crème liquide
- 2 mozzarellas

Dressage :

- Tomates cerise
- Graines de courge
- Copeaux de pecorino
- Fleurs de brocoli
- Huile d'olive

PRÉPARATION :

1. Préparez le cœur de burrata : montez la crème liquide presque en chantilly à l'aide d'un fouet. Effilochez 2 mozarellas et mélangez avec la chantilly pour obtenir une préparation homogène.

2. Préparez le pesto : effeuillez le basilic, ajoutez les noix, l'ail, le sel, le pecorino et l'huile d'olive. Mixez le tout à l'aide d'un mixeur jusqu'à obtenir une texture crémeuse.

3. Préparez le risotto : faites cuire le petit épeautre dans de l'eau salée pendant 40 minutes et réservez un petit bol d'eau de cuisson. Le petit épeautre doit être tendre et croquant à la fois. Émincez 1 oignon, faites-le blondir à feu doux dans de l'huile d'olive. Ajoutez le petit épeautre à l'oignon et faites-le revenir jusqu'à ce qu'il soit brillant et chaud. Ajoutez au fur et à mesure l'eau de cuisson réservée pour mouiller l'ensemble. Une fois le petit épeautre prêt, ajoutez le pesto et mélangez vigoureusement pour rendre le risotto crémeux.

4. Pour le dressage, disposez d'abord le risotto, puis le cœur de burrata, les tomates cerise et les fleurs de brocoli. Disposez enfin les graines de courge et les copeaux de pecorino. Salez, poivrez et versez un filet d'huile d'olive.

MILLET AUX COURGETTES

La recette de LES MONTS EN VRAC (épicerie itinérante – Monts-du-Lyonnais)

INGRÉDIENTS :

- 200 g de millet
- 3 courgettes
- Huile d'olive
- Sel et poivre
- Crème fraîche (optionnelle)

PRÉPARATION :

1. Lavez et égouttez bien le millet.
2. Versez-le dans une eau bouillante puis laissez-le cuire pendant 10 minutes à feu moyen.
3. Ajouter 1 à 2 c. à soupe d'huile d'olive.
4. Une fois cuit, retirez-le du feu et couvrez.
5. Épluchez les courgettes et coupez-les en petits dés.
6. Faites-les revenir dans une poêle avec un peu d'huile d'olive.
7. Lorsqu'elles sont dorées et fondantes, ajoutez le millet préalablement cuit, assaisonnez et mélangez.
8. Ajoutez un peu de crème fraiche (optionnelle) et servez.

PESTO DE LIN, BASILIC ET PIGNONS

La recette des Éditions La Plage

INGRÉDIENTS (pour un petit pot) :

- 1 belle botte de basilic
- 1 gousse d'ail
- 40 g de pignons de pin
- 2 c. à soupe de graines de lin
- 1 c. à soupe de jus de citron
- 40 g de parmesan râpé
- 100 ml d'huile d'olive
- Sel

PRÉPARATION :

1. Dans un mixeur, mixez le basilic, la gousse d'ail, les pignons, les graines de lin, le jus de citron et le parmesan.
2. Incorporez l'huile d'olive en filet jusqu'à ce que le mélange ait une consistance crémeuse et légèrement granuleuse. Salez.

Conseil : Conservez votre pesto une semaine à 10 jours dans un petit bocal hermétique en verre au réfrigérateur. Ce pesto accompagnera des pâtes mais pourra aussi servir en base de vinaigrette allongée d'huile dans une salade de crudités, en tartinade dans un sandwich ou un crostini, sur une pizza.

CARROT CAKE

La recette de MAMIE MESURE (Vitré & Rennes)

INGRÉDIENTS :

Gâteau :

- 10 g de poudre à lever
- 1 c. à café d'épices (soit cannelle seule soit un mélange fenouil, coriandre, cannelle, clou de girofle)
- 50 g de cerneaux de noix
- 200 g de sucre roux
- 80 g de sucre glace
- 200 g de poudre d'amande
- 75 g de farine
- 5 œufs
- 1 citron bio (on utilisera le zeste et le jus)
- 1 botte de carottes
- Beurre pour le moule

Glaçage :

- 100 g de fromage blanc ou yaourt nature
- Le jus d'1/2 citron
- 80 g de beurre ramolli
- 80 g de sucre glace

PRÉPARATION

1. Fouettez les jaunes d'œufs avec le sucre.
2. Râpez les carottes ou mixez-les. Ajoutez-les au mélange œufs et sucre.
3. Ajoutez la poudre d'amande, la farine, la poudre à lever.
4. Mixez un peu ou coupez grossièrement les noix, ajoutez-les au mélange, ainsi que les épices et le zeste du citron.
5. Préchauffez le four à 180 °C.
6. Battez les blancs en neige, incorporez-les au mélange doucement avec une spatule en bois.
7. Versez le mélange dans un moule à gâteau préalablement beurré, et faites cuire 1h15.
8. Pendant ce temps, préparez le glaçage en montant tous les ingrédients à l'aide d'un fouet, et mettez-le au frais de 30 minutes à 1 heure.
9. Appliquez le glaçage sur le gâteau refroidi.

GRANOLA MAISON

La recette de PELMEL MEYMAC (Meymac - Corrèze)

INGRÉDIENTS :

- 140 g de flocons d'avoine
- 20 g de pétales de maïs nature
- 20 g de riz soufflé nature
- 20 g de farine de châtaigne
- 30 g de noix de macadamia et du Brésil
- 15 g de graines de courge
- 5 g de graines de chanvre
- 55 g de miel
- 65 g d'huile de coco

PRÉPARATION :

1. Mélangez dans un grand saladier les flocons d'avoine, les pétales de maïs, le riz soufflé, la farine de châtaigne et malaxez énergiquement avec les doigts.
2. Préchauffez le four à 180 °C.
3. Pilez les noix de macadamia et du Brésil.
4. Faites griller légèrement les graines de courge et de chanvre dans une poêle sans matière grasse, puis ajoutez-les dans le saladier avec les noix broyées et les graines torréfiées.
5. Versez ensuite le miel et l'huile de coco et mélangez-bien à la main pour lier tous les ingrédients entre eux.
6. Étalez sur une épaisseur à peu près égale sur une plaque à pâtisserie du four.
7. Placez au four pour 20 minutes, et retournez la préparation à mi-cuisson.
8. Laissez bien refroidir avant de ranger dans une boîte pour avoir un croustillant idéal.

CRÊPES AUX FARINES DE CHÂTAIGNE ET DE RIZ

(vegan et sans sucre)

La recette de PELMEL MEYMAC (Meymac - Corrèze)

INGRÉDIENTS (pour une dizaine de crêpes) :

- 6 c. à soupe de farine de châtaigne
- 6 c. à soupe de farine de riz
- 3 c. à soupe d'amidon de maïs
- Eau
- Huile d'olive

PRÉPARATION :

1. Mélangez les farines et l'amidon de maïs dans un saladier.
2. Ajouter l'eau petit à petit en mélangeant avec un fouet jusqu'à obtenir une texture de pâte à crêpes. Laissez reposer 5 minutes.
3. Faites chauffer une poêle à crêpe avec de l'huile d'olive.
4. Déposez une louche de pâte à crêpes au centre de la poêle et faites cuire la crêpe des deux côtés, puis procédez de même avec le reste de la préparation.

PANCAKES AU SARRASIN

La recette d'Anne (diététicienne spécialisée en alimentation durable)

INGRÉDIENTS
(pour une vingtaine de pancakes) :

- 300 g de farine de sarrasin*
- 3 œufs
- 300 g de lait
- 150 g eau
- 1 pincée de sel

* Pour un goût moins fort, mélangez 150 g de farine de blé T 55 avec 150 g de farine de sarrasin.

PRÉPARATION :

1. Mélangez la farine, le sel et les œufs.
2. Ajoutez progressivement, tout en mélangeant, le lait puis l'eau (en fonction de la consistance souhaitée).
3. Au choix, ajoutez 1 c. à café de miel pour faire un peu gonfler, des épices sucrées (cannelle, gingembre).
4. Dans une poêle chaude avec un peu de matière grasse, déposez une louche de pâte à pancakes au centre et faites-la cuire des deux côtés. Faites de même avec le reste de la pâte.

Conseil : Délicieux et idéal pour un petit déjeuner consistant et protéiné ! Si vous avez des envies salées, vous pouvez remplacez les épices sucrées par des épices salées (curcuma, muscade, herbes aromatiques).

ENERGY BALLS

La recette de LES SILOS DE NINA (Borgo - Corse)

INGRÉDIENTS :
(pour une douzaine de pièces) :

- 7 à 10 dattes
- 2 c. à soupe de flocons d'avoine
- 1 grosse c. à soupe de purée de cacahuète
- 1 poignée d'amandes, de noix de cajou et de noisettes mélangés
- 1 c. à soupe de pépites de chocolat
- 1 tasse de noix de coco râpée (ou cacao en poudre au choix)

PRÉPARATION :

1. Mixez bien les dattes jusqu'à obtenir une pâte.
2. Mixez les fruits secs, et rajoutez-les aux dattes.
3. Mélangez tous les ingrédients et formez des boules.
4. Roulez les boules dans la noix de coco râpée.
5. Placez-les au réfrigérateur.

Conseil : Conservez-les dans une boîte fermée hermétiquement et dégustez-les lors d'un petit creux.

GALETTES MAROCAINES À LA SEMOULE DE BLÉ FINE (HARCHA) :

La recette de LA MAIN DANS LE VRAC (Hauteville-Lompnes – Ain)

INGRÉDIENTS :

- 350 g de semoule fine
- 100 g de beurre fondu
- 150 ml de lait
- 1 ou 2 c. à soupe de sucre
- 1/2 c. à café de sel
- 1 c. à soupe de bicarbonate de soude alimentaire

PRÉPARATION :

1. Versez la semoule, le sucre, le sel et le bicarbonate dans un saladier.
2. Ajoutez le beurre fondu et sablez du bout des doigts.
3. Ajoutez le lait, mélangez bien et laissez reposer quelques minutes afin que la semoule absorbe le liquide.
4. Préchauffez une poêle antiadhésive.
5. Étalez la pâte sur votre plan de travail saupoudré de semoule.
6. À l'aide d'un verre ou d'un emporte-pièce, faites des galettes.
7. Faites cuire les galettes à feux moyen des 2 côtés (environ 4 minutes de chaque côté – avec ou sans matière grasse selon votre poêle).

Conseil : Dégustez ces galettes chaudes arrosées de miel pour plus de gourmandise !

PÂTE À TARTINER NUT & DATTES :

La recette de LE LOCAL (Paris – Île-de-France)

INGRÉDIENTS :

- 150 g de noix de cajou
- 100 g de dattes
- 15 à 20 ml du jus de fruit de votre choix (de type jus de pomme)

PRÉPARATION :

1. Dénoyautez les dattes.
2. Mixez les noix de cajou et les dattes dans un mixeur assez puissant.
3. Ajoutez-y le jus de fruit et mixez environ 5 minutes jusqu'à obtenir une pâte bien lisse.
4. Laisser reposer la pâte à tartiner et mettez-la ensuite quelques heures au réfrigérateur avant de la consommer.

Conseil : Vous pouvez ajouter un peu de vanille selon vos envies. La pâte à tartiner se conserve au moins 2 semaines au réfrigérateur.

BAUME DÉTENTE SOMMEIL

La recette de LA MAIN DANS LE VRAC (Hauteville-Lompnes – Ain)

INGRÉDIENTS :

- 20 g d'huile de coco
- 3 g de cire d'abeille
- 12 gouttes d'huile essentielle de Lavandin Super (ou autre : marjolaine, mandarine, verveine citronnée) – attention à l'utilisation des huiles essentielles, pensez à vous faire conseiller par un professionnel

PRÉPARATION :

1. Faites fondre la cire d'abeille et l'huile de coco au bain-marie à feu doux. Mélangez jusqu'à ce que la préparation devienne homogène.
2. Sortez votre bol du bain-marie et ajoutez l'huile essentielle de Lavandin Super puis mélangez.
3. Transvasez le mélange dans un pot stérilisé et laissez le mélange se figer à l'air libre.

Conseil d'utilisation : Appliquez le baume une trentaine de minutes avant le coucher au niveau de la nuque, à l'intérieur des poignets, sur le plexus solaire et sur la plante des pieds pour maximiser son efficacité.

BAUME À LÈVRES

La recette de TOUT PART EN VRAC (Saint-Genis-Laval – Auvergne-Rhône-Alpes)

INGRÉDIENTS :

- 13 g de beurre de karité
- 2 g de cire d'abeille ou cire végétale
- 5 g d'huile végétale (coco, argan, ...)
- Miel (optionnel)

PRÉPARATION

1. Faites fondre toutes les huiles et la cire ensemble au bain-marie. Mélangez tous les ingrédients pour obtenir un mélange homogène.
2. Versez la préparation dans un petit pot en verre.
3. Laissez refroidir avant utilisation.

Conseil d'utilisation : Prélevez un peu de baume avec les doigts et passez-le sur les lèvres.

BAUME CORPOREL MAISON

La recette de LA PESÉE (Chemillé en Anjou - Maine-et-Loire)

INGRÉDIENTS :

- 54 g d'huile de coco
- 100 g de beurre de karité
- 54 g d'huile d'amande douce (vous pouvez adapter l'huile végétale selon le type de peau, n'hésitez pas à demander conseil à un professionnel)
- 10 g d'huile essentielle de lavande (optionnel) – attention à l'utilisation des huiles essentielles, pensez à vous faire conseiller par un professionnel

PRÉPARATION :

1. Faites fondre le beurre de karité, l'huile de coco et l'huile d'amande douce au bain-marie en remuant.

2. Une fois le mélange fondu, laissez reposer au réfrigérateur pendant 1 heure.

3. Fouettez le mélange à l'aide d'un batteur électrique pendant quelques minutes jusqu'à ce que celui-ci ait une texture aérienne et prenne une couleur blanchâtre. Si la texture ne devient pas crémeuse (type blanc en neige), remettez le mélange au frigo un peu plus longtemps.

4. Transférez ensuite le beurre corporel dans un contenant propre.

DÉODORANT LIQUIDE (ET LOCAL !)

La recette de MON BIO CAMION (Épicerie itinérante - Maine-et-Loire)

INGRÉDIENTS :

- 100 ml d'eau florale/hydrolat de menthe poivrée (rafraîchit et régule la transpiration)
- 1 c. à soupe de bicarbonate (anti-odeurs)
- 2 à 3 gouttes d'huile essentielle au choix (palmarosa, cèdre, romarin ou vetiver) – attention à l'utilisation des huiles essentielles, pensez à vous faire conseiller par un professionnel
- 1 flacon pompe ou stick

PRÉPARATION :

1. Mélangez dans l'ordre les différents ingrédients.
2. Transvasez le mélange dans le flacon.
3. Servez-vous la quantité désirée grâce à la pompe et étalez-le sous les aisselles.

TY DÉODORANT

La recette de TY VRAC (Trégunc - Finistère)

INGRÉDIENTS :

- 2 c. à soupe d'huile de coco
- 10 ml d'argile blanche
- 10 ml d'amidon de maïs
- Une dizaine de gouttes d'huile essentielle (palmarosa, tea tree ou menthe – attention à l'utilisation des huiles essentielles, pensez à vous faire conseiller par un professionnel
- Un contenant en verre ou en stick

PRÉPARATION :

1. Faites fondre l'huile de coco au bain-marie.
2. Ajoutez l'argile blanche et l'amidon de maïs et remuez.
3. Hors du feu, ajoutez une goutte d'huile essentielle (optionnel).
4. Transvasez dans votre contenant et laissez refroidir avant utilisation.

Conseil d'utilisation : Selon la texture désirée et ce qui vous conviendra le mieux, n'hésitez pas à ajuster les doses d'argile et d'huile de coco.

MACÉRÂT HUILEUX À LA CAROTTE

La recette de MAMIE MESURE (Vitré & Rennes)

INGRÉDIENTS :

• 500 ml d'huile de tournesol (adaptez la quantité d'huile selon ses besoins)

• 1 grosse carotte (bio)

PRÉPARATION :

1. Nettoyez bien la carotte mais ne l'épluchez pas. Râpez ou mixez.

2. Faites sécher la carotte une matinée au soleil ou 1 heure 30 à 60 °C au four. La carotte râpée doit être très sèche.

3. Mélangez l'huile de tournesol et la carotte. Laissez macérer 3 semaines à l'abri de la lumière.

4. Filtrez dans un chinois très fin et transvasez dans des flacons en verre hermétiques par petites quantités.

Conseil d'utilisation : Utilisez en petites quantités sur le corps ou ajoutez-en 3 gouttes à votre crème de jour pour favoriser votre bronzage, le prolonger et vous donner bonne mine.

À conserver à l'abri du soleil et de la chaleur.

PRODUIT MÉNAGER MULTI-USAGES

La recette de Ô BOCAL (Nantes – Pays de la Loire)

INGRÉDIENTS :

- 75 cl de vinaigre blanc
- Épluchures d'1 orange
- Eau
- 1 bocal (1 L)

PRÉPARATION :

1. Mettez les épluchures d'orange dans le futur contenant ménager et ajoutez le vinaigre blanc.
2. Laissez macérer le mélange pendant 1 à 2 semaines.
3. Une fois macéré, rajoutez l'eau au mélange jusqu'à remplir le contenant.

Conseil d'utilisation : À utiliser pour toutes vos surfaces !

LESSIVE EN POUDRE

La recette de CHEZ POULET (Honfleur – Seine-Maritime)

INGRÉDIENTS :

- 30 g savon de Marseille râpé
- 30 g bicarbonate de soude
- 30 g cristaux de soude
- 10 g percarbonate de soude

PRÉPARATION :

1. Râpez le savon et passez-le au robot avec le bicarbonate de soude pour obtenir une poudre fine.
2. Ajoutez les autres poudres (environ 1 à 2 c. à soupe par machine), mélangez.

Note : Vous pouvez utiliser un vinaigre blanc dans lequel a infusé des fleurs de lavande ou du romarin pour donner un léger parfum à votre linge.

ASSOUPLISSANT MAISON

La recette de CHEZ MÈRE-GRAND, L'ÉPICERIE D'ANTAN (Bois-Guillaume – Seine-Maritime)

INGRÉDIENTS :

- 250 g d'acide citrique
- 700 ml d'eau déminéralisée
- 50 gouttes d'huile essentielle de votre choix (lavandin par exemple)

PRÉPARATION :

1. Faites dissoudre l'acide citrique dans l'eau déminéralisée, dans un flacon hermétique.
2. Ajoutez-y les gouttes d'huile essentielle.

Conseil d'utilisation : Secouez avant chaque utilisation et versez 1 cuillérée à soupe de cet assouplissant dans le compartiment de votre machine à laver.

REMERCIEMENTS

Un grand merci aux membres de l'équipe de Réseau Vrac, et en particulier à Cécilia Bourgeois qui nous a aidé à démarrer le projet.

Nous remercions les expertes Anne Moreau (Diététicienne et psychonutrionniste), Maryse Noel (Hygiéniste) et Lucia Pereira (Directrice des Affaires Juridiques de Réseau Vrac) pour leur temps et leur contribution de qualité au contenu de l'ouvrage.

Nous tenons aussi à exprimer notre gratitude envers les personnes suivantes pour leur aide précieuse :

• Nos adhérents commerçants pour leurs recettes / tutos et leur travail quotidien œuvrant à offrir une alternative au préemballé,

• Thibault Tanchoux-Janin qui nous a permis de repenser la structure de l'ouvrage afin de le rendre ludique et accessible à tous les publics,

• Nicolas Fieulaine, chercheur en Psychologie Sociale, pour sa relecture et ses conseils sur la façon de présenter les avantages de la consommation vrac,

• Le graphiste / illustrateur HOOBOOH pour son enthousiasme à collaborer immédiatement,

• Les Éditions La Plage pour leur confiance dans notre projet et la concrétisation de celui-ci en un premier ouvrage.

Achevé d'imprimer en août 2020